AF455325

1688-1830.

1688--1830,

OU

PARALLÈLE HISTORIQUE

DES RÉVOLUTIONS D'ANGLETERRE ET DE FRANCE, SOUS JACQUES II ET CHARLES X.

PAR M. LE COMTE

MAXIME DE CHOISEUL-DAILLECOURT,

membre de l'Institut (Académie des inscriptions).

« Je n'étais pas d'avis que des craintes, des dangers, « quelques actes d'administration contraires aux lois, fus- « sent suffisans pour légitimer une insurrection. »

(BURNET, *Histoire de mon temps*, liv. IV, pag 17, édition de M. Guizot, dans la Collection des Mémoires relatifs à l'histoire d'Angleterre; 1824.)

PARIS.

G.-A. DENTU, IMPRIMEUR-LIBRAIRE,
Palais-Royal, galerie vitrée, n° 13.

LONDRES. BARTHÉS-LOWEL. | *LEIPZIG.* BROCKHAUS-AVENARIUS

1844.

INTRODUCTION.

Dans les monarchies héréditaires, on voit peu d'évènemens présenter autant d'importance et de motifs de réflexion, que le malheur d'un roi précipité du trône avec sa famille. Mais s'il arrive, après nombre d'années, que les héritiers dépossédés ressaisissent la couronne, et viennent encore à la perdre, un intérêt plus marqué accompagne ces grandes mutations. Deux vicissitudes de ce genre dominent dans l'histoire de France et d'Angleterre : d'abord la chute, le rétablissement, et encore la chute des Stuarts au dix-septième siècle; et, de nos jours, l'instabilité de fortune attachée aux Bourbons.

Vers le début de cette deuxième époque d'agitation, avant même que les faits eussent été caractérisés par leur développement successif, on était frappé de leur ressemblance avec ce qui était arrivé auparavant, si près de nous. Chaque circonstance remarquable ajoutée par le temps, disposait davantage à comparer les phases des révolutions que l'on voyait s'accomplir en France, avec celles dont l'Angleterre avait été jadis le théâtre : il n'était pas difficile de reconnaître les presbytériens dans les constitutionnels de 1791, et les puritains dans les démagogues de 1793. Pour surcroît de ressemblance à jamais déplorable, la fin tragique de Louis XVI reporta les pensées douloureuses vers l'échafaud de Charles Ier, le long Parlement et la république anglaise.

La France continuant à suivre le cours rapide de ses destinées, les réminiscences purent s'étendre; elles devinrent même tellement frappantes et précises, que l'on crut pouvoir s'en aider pour lire dans les secrets de l'avenir, comme à la dérobée, par l'étude d'un passé que l'on s'attendait chaque jour à voir remettre en action. Prenant ces inductions pour guide, un auteur célèbre depuis, dont la mémoire est chère maintenant à la religion comme à la royauté, publia ses *Considérations sur la France*. Les pronostics de son esprit judicieux, accomplis pour la plupart, après avoir long-temps consolé les chagrins de l'émigration, ne sont pas aujourd'hui relus sans intérêt (1).

Plus tard, Napoléon mettant fin aux essais de république tentés sous différentes formes, et s'emparant du pouvoir souverain, répétait l'exemple donné par Cromwell, mais avec cette différence, que le *lord Protecteur* se restreignit, à peu de chose près, à consolider dans sa personne un obstacle viager au retour des Stuarts (2); tandis que le trône impérial, étant

(1) Le comte de Maistre, auteur des *Soirées de Saint-Pétersbourg*, fit paraître, en 1796, ses *Considérations sur la France*. Cet ouvrage a survécu aux circonstances qui l'avaient fait naître.

(2) Cromwell avait institué le *Protectorat* électif et non héréditaire, se réservant le droit de nommer son suc-

appuyé sur la forme d'un vote public, opposait aux Bourbons une barrière qui semblait la plus haute et la plus forte, aux admirateurs bénévoles des Constitutions écrites.

A la chute de Napoléon, la France acceptant les voies réparatrices dans lesquelles l'Angleterre l'avait devancée, entra en 1814 dans l'époque correspondante à 1660, et Louis XVIII régna. Peu de jours après, un écrivain non suspect de partialité en faveur des Bourbons, publiait les rapprochemens suivans :

« Le changement qui vient de s'opérer au-« jourd'hui, disait Benjamin Constant, est une « heureuse combinaison des deux révolutions « anglaises de 1660 et de 1688. Il a les avanta-« ges de toutes les deux, et il n'a les inconvé-« niens d'aucune : il rend le sceptre aux mains « de la famille incontestée, il consacre la re-« présentation nationale, il établit la liberté de « la presse, il met hors d'atteinte l'indépen-

cesseur. Il n'en avait pas usé quand il fut atteint de sa dernière maladie, et ce fut peu de temps avant de mourir qu'il désigna son fils aîné Richard.

» dance des tribunaux. Tous les partis doivent « être également satisfaits. . . . .

« . . . . La révolution actuelle réunit à la lé-« gitimité de Charles II les garanties de Guil-« laume III. Tous les avantages sont donc obte-« nus, la source de tous les regrets tarie, et tous « les germes de division éteints (1). » Malheureusement il n'en fut pas ainsi, malgré l'ingénieuse combinaison de réunir et de fixer dans la seule personne de Louis XVIII les destinées si différentes de Charles II et de Guillaume III.

Bien loin que l'habitude des rapprochemens historiques vînt à cesser, on prit à tâche de leur donner une destination plus sérieuse, en forgeant comme une sorte d'arme offensive à l'usage des partis; appropriée surtout à une fraction distincte dans l'opposition libérale, à la classe plus difficile à contenter que nombreuse, des lettrés, des savans et des mem-

(1) Article imprimé dans le *Journal des Débats* du 21 avril 1814, sous le titre suivant : *Des révolutions de* 1660 *et* 1688 *en Angleterre, et de celle de* 1814 *en France.* L'article est signé *Benjamin* DE *Constant.*

bres du corps enseignant. C'est là que l'élite des *doctrinaires* se préparait aux fonctions publiques ; en répétant, commentant tout ce qui s'était dit et redit sur l'analogie de révolution entre la France et l'Angleterre. Ils prirent à cœur d'exagérer l'uniformité relative, et par dessus tout, ce qui pouvait se rencontrer d'avantageux dans les résultats de ces crises politiques. L'un d'eux, auquel l'avenir réservait une part importante dans le gouvernement de la France, écrivait quatre ans avant 1830 :

« La révolution d'Angleterre est le plus grand « évènement que l'Europe eut à raconter avant « la révolution de 1789..... Ce sont deux vic- « toires dans la même guerre et au profit de la « même cause ; la gloire leur est commune ; el- « les se relèvent mutuellement au lieu de s'é- « clipser...... Elles ont poussé la civilisation « dans la route qu'elle suit depuis quatorze « siècles. » Et sans être arrêté par le vague d'une hypothèse plus qu'hasardée, surtout à l'égard des Anglais, on ajoutait pour conclusion : « La « première révolution (celle d'Angleterre) n'eût

« jamais été bien comprise, si la seconde (celle « de France) n'eût éclaté (1). » On ne parlait plus à cette heure de la restauration de 1814 comme d'un dénouement final, effectué par la merveilleuse adjonction de 1660 et de 1688.

Au contraire, Charles X régnant alors que ces idées étaient mises au jour, on laissait entrevoir qu'entre des révolutions que l'on prétendait unies d'aussi près, et si heureusement pareilles, il manquait encore un dernier trait de ressemblance. L'indiquer n'était pas permis; mais chaque lecteur, sans être doué d'une grande pénétration, dut songer à l'éventualité d'un fait qui pourrait en France correspondre à la chute de Jacques II.

On n'y pensa effectivement que trop! et ces souvenirs firent naître en 1837 l'ouvrage intitulé : *Histoire de la contre-révolution en An-*

(1) Ces passages appartiennent à un ouvrage de M. Guizot, l'*Histoire de la révolution d'Angleterre, depuis l'avènement de Charles Ier jusqu'à la restauration de Charles II;* préface, pages I, VI et XVII. Les deux premiers volumes seulement ont paru en 1826, et ne conduisent le lecteur que jusqu'en 1649.

gleterre, sous Charles II et Jacques II. Nous lisons ces lignes vers le début : « Comme s'il y « avait dans ce dénouement de la révolution « anglaise une grande leçon pour le temps où « nous vivons, on se reporte avec une vive cu- « riosité vers l'espace qui s'écoula entre le rap- « pel des Stuarts et leur seconde chute. On veut « savoir pourquoi l'existence de cette maison « royale est devenue incompatible avec les in- « térêts de l'Angleterre, pourquoi son second « renversement s'est opéré avec une si étrange « facilité, si peu de troubles et de secousses.

« Cette catastrophe, continue l'ouvrage cité, « était-elle dans les lois d'une prédestination « de malheur attachée au sang des Stuarts? « vint-elle d'une combinaison d'évènemens ex- « térieurs fortuitement rassemblés contre eux? » Les réponses ne manquent pas à l'auteur, Armand Carrel, esprit élevé, cœur généreux, qu'une mort prématurée vint soustraire aux lumières de l'expérience et de l'âge mûr (1).

(1) Carrel, né le 8 mai 1800, fut tué en duel le 22 juillet 1836.

Le sujet était loin d'être nouveau pour le public : un écrivain habitué à observer et apprécier les circonstances dont se compose l'histoire, avait constaté « que, déjà sous Louis XVIII, « c'était une opinion à la mode de vanter la ré- « volution anglaise de 1688, et de désirer des « Guillaume III, pour le salut et pour la ven- « geance des peuples (1). » En conséquence, l'anglomanie d'autrefois, l'engoûment frivole pour les modes et les usages de nos voisins furent remplacés par la sombre préoccupation d'admirer leurs révolutions politiques, et de parvenir un jour peut-être à les imiter.

Ces pensées entrèrent plus avant dans les esprits vers le déclin de la restauration, et l'on

(1) L'auteur, Augustin Thierry, ajoute avec justice : « Dans cette admiration et dans ces vœux, quelque « patriotiques qu'on les proclame, il y a de l'ignorance « et de la lâcheté... » Nous retrouvons avec plaisir cette réflexion dans la quatrième édition, imprimée en 1842, du livre intitulé *Dix ans d'études historiques*. Le *Mémoire sur la révolution de* 1688, auquel nous empruntons cette citation, avait paru pour la première fois dans *le Censeur européen*, nos du 5, du 14 et du 17 novembre 1819.

dut croire qu'à force d'être reproduites elles inspireraient de l'inquiétude au gouvernement. Aussi les hommes qui avaient intérêt à l'endormir dans une fausse sécurité, entreprirent de le rassurer; par dessus tout excella une feuille périodique déjà connue par l'aisance avec laquelle elle savait préparer, annoncer, exécuter et colorer ses défections politiques.

Ecoutez le serpent caché sous les fleurs : « Un « changement de dynastie est tout aussi impos« sible en France que l'abolition de la Charte. « En 1688, l'Angleterre trouvait dans l'usurpa« tion la gloire et le génie. Guillaume de Nas« sau était là. En 1830, nous avons beau re« garder, nous ne voyons nulle part Guillaume « de Nassau..... En 1688, l'Europe était dispo« sée de telle sorte, qu'elle appelait de tous ses « vœux Guillaume au trône d'Angleterre, et que « l'usurpateur arriva à Londres avec l'alliance « de tous les rois. En 1830, l'Europe est dis« posée de telle sorte qu'un usurpateur entre« rait aux Tuileries, comme Bonaparte le 20 « mars, avec l'inimitié de toute l'Europe.....

« Nous ne pouvons pas finir sans exprimer toute « notre douleur de nous voir réduits à traiter « aujourd'hui, avec toute la froideur de la logi- « que, une question que nos vieilles affections « et le sentiment profond d'un droit sacré, ont « depuis long-temps décidée pour nous sans re- « tour (1). »

Le temps nous a montré la valeur de ces raisonnemens, et de la protestation d'amour et de fidélité qui les accompagne. Mais alors, on ne pouvait que s'étonner de l'inconvenance extrême de mettre en controverse une question de cette nature dans les journaux; qui s'empressèrent de disserter à l'envi, sur le plus ou le moins de difficulté que l'on éprouverait à déposséder la famille régnante.

Le scandale fut augmenté quand de jeunes écrivains, nouveaux enrôlés dans la guerre à

(1) Article publié dans le *Journal des Débats* du 21 février 1830. (*Voyez* l'*Histoire du Journal des Débats*, par Nettement, in-8°, 1838.) Cet ouvrage curieux ne devra pas être ignoré de ceux qui écriront l'histoire de la France.

outrance contre le gouvernement, commencèrent à s'exercer sur le même sujet (1). Ils se trouvèrent bientôt à l'étroit dans un journal dont la licence surpassait pourtant celle des autres feuilles libérales. Impatiens d'être plus libres, ils fondèrent *le National;* et, renvoyant à l'avenir leurs meilleures espérances, ils s'attachaient, pour le moment, à propager l'idée qu'une nouvelle révolution dans l'État pourrait avoir lieu, sans nulle secousse fâcheuse. A tout propos venaient se placer, sous leur plume élégante et facile, les théories et les faits les plus opposés aux principes monarchiques; et c'était toujours avec une adresse merveilleuse qu'ils proposaient de suivre des exemples dangereux.

« L'accident de 1688, écrivait un jour *le National*, n'est point une révolution, c'est un « changement de dynastie..... Il y eut une fa- « mille de moins remplacée par une autre fa-

(1) MM. Thiers, Mignet, Carrel, etc.; ils avaient d'abord travaillé à la rédaction du *Constitutionnel*. (Voy. la *Chronique de juillet* 1830, par Rozet, t. 1er, p. 18.)

« mille. Une dynastie ne savait pas régner sur « la société nouvellement constituée, et l'on « choisit une dynastie qui le sût mieux (1). »

L'invention était ingénieuse, de transformer en simple *accident* les évènemens de 1688, prémédités durant si long-temps ; et encore, parce que ces faits avaient amené un changement de dynastie, on leur refusait assez d'importance pour être comptés parmi les révolutions ; ils étaient moins que rien !

L'astuce de ces combinaisons insidieuses annonce la même école d'où était sortie, peu auparavant, une histoire fort répandue de la révolution française. Nombre de disciples avaient appris méthodiquement à confondre, dans une sorte de culte, tous les souvenirs de révolution venus de 1688 et des années antérieures, avec ceux de 1789 et des années suivantes. Mais

(1) Article du *National*, n° du 12 février 1830. On le trouve dans la Chronique de Rozet, à la fin du deuxième volume, parmi les pièces justificatives. (*Voir* aussi, en cet endroit, un extrait du *National* du 14 février, sur le même sujet.)

l'admiration purement contemplative ayant un terme, fit place à la passion d'imiter ; laquelle devint bientôt, par son ardeur croissante, une cause de danger public, singulière, sans exemple, peut-être, de la part d'hommes d'esprit, de savoir, de littérature : une préoccupation commune les avait réunis, afin de travailler de concert, à doter leur pays d'une révolution calquée sur une autre révolution arrivée cent quarante ans auparavant, chez un peuple voisin.

L'association ainsi constituée et déjà puissante, au moyen des journaux interprètes fidèles de ses pensées, domina bientôt dans les salons de plusieurs personnages opulens; là, quelqu'un se serait-il présenté, étranger par hasard aux préoccupations politiques des interlocuteurs, il aurait pu se méprendre sur le véritable sujet des entretiens; et penser qu'il était question d'offrir à la curiosité publique quelque représentation de théâtre à mettre bientôt en scène. Les rôles se distribuaient : au roi qui régnait en France, on assigne le personnage malheureux de Jacques II, et, pour l'emploi principal, on indique, dans la parenté royale, un Guillaume III, qui sera le héros du drame annoncé.

Quand la marche du temps eut amené un dénouement sérieux, ceux qui voyaient leurs dispositions réalisées dans plusieurs circonstances apparentes, se flattèrent d'avoir remis en action le grand drame politique et religieux, cher aujourd'hui encore au patriotisme des Anglais. Alors remplis de joie, et d'eux-mêmes, ils posèrent en fait démontré, et leurs amis ont répété comme un axiome indubitable : « *La* « *révolution de juillet n'est pas autre chose que* « *la révolution anglaise de* 1688 (1) ! »

(1) Cette sentence est de M. Cousin, dans la préface de la seconde édition de ses *Fragmens philosophiques*, 1833. Voici le passage entier : « *La révolution de juillet n'est* « *pas autre chose que la révolution anglaise de* 1688, mais « en France, c'est-à-dire avec beaucoup moins d'aris- « tocratie et un peu plus de démocratie et de monar- « chie. » Malheureusement ces différentes proportions ainsi graduées, ne donnent pas une idée bien claire du tout qui en est résulté. M. Cousin était alors professeur de philosophie, et, depuis, il est devenu ministre, pair de France, etc.

Ainsi l'a prononcé, écrit, fait graver peut-être sur l'airain, un des organes les plus accrédités de l'enseignement public, maître en philosophie, qui savait le chemin des emplois, des dignités, et l'effet, sur le vulgaire, des paroles tranchantes, des formes doctorales propres à enchaîner la liberté du doute et la volonté d'examen. A cette dernière condition seule, pouvait-on, en s'appropriant le laconisme de l'oracle, porter un jugement historique aussi grave, et s'aventurer à offrir l'accolade fraternelle à la révolution aristocratique de 1688, au nom de la révolution de juillet?

Il eût été sage pourtant, d'être précautionné contre l'affront possible d'un refus; d'autant plus, qu'à part tout sentiment d'honneur blessé, la disgrâce ne devait pas être exempte d'amertume, pour ceux dont l'indiscrétion l'aurait provoquée. Nous apprenons à cet égard le fond des choses d'un patriote de juillet, mécontent d'avoir beaucoup payé de sa personne, pour une victoire à laquelle lui semblaient faire grande honte, des résultats indignes et misérables :

« La monarchie doctrinaire veut, dit-il, n'être « qu'un calque de la monarchie anglaise de 1688. « La raison en est simple : un pouvoir qu'une « révolution élève, et qu'une révolution peut « précipiter, est naturellement porté à s'assi- « miler à ce qui a duré. Une dynastie fortuite « et imposée par les nécessités d'une semaine, « est intéressée à confondre son origine avec « le berceau d'une dynastie qui fut une grande « et haute expression de la volonté natio- « nale (1). » Il faut excuser l'âpre franchise d'un ancien aide-de-camp du général Lafayette. D'autre part, il n'y a pas sujet non plus d'être moins indulgent envers des espérances sans portée dans l'avenir, comme tous les souhaits de longévité humaine.

Mais aucune complaisance n'est due au procédé peu sincère et loyal d'altérer la vérité des faits anciens appartenant à l'histoire, afin de mettre à couvert les intérêts du temps présent.

(1) On lit ce passage dans l'ouvrage intitulé : *Louis-Philippe et la contre-révolution de* 1830, par Sarrans jeune, aide-de-camp de Lafayette, 1834, t. 2, p. 172.

A ce but tendrait visiblement l'hypothèse de ressemblance et d'analogie, d'après laquelle il faudrait admettre que le peuple de Paris, courant se faire justice lui-même par la sédition, aurait agi identiquement comme les Anglais, invoquant avec plein loisir de réflexion, le secours des conseils et de l'épée du prince d'Orange. Une induction équivalente envelopperait Charles X et sa postérité dans une réprobation commune avec Jacques II, succombant sous le poids d'une incompatibilité absolue de principes entre lui et son peuple. Ensuite viendrait, par une pente doucement ménagée, l'assertion que la France n'a pas manqué, plus que l'Angleterre, de motifs pressans, graves et plausibles, pour renverser l'ordre légal de succession à la couronne. A la fin paraîtrait au grand jour la conclusion laborieusement préparée, tant désirée! que les deux royaumes ont accompli l'œuvre merveilleuse de leurs révolutions pareilles, avec une maturité semblable de délibérations parlementaires, et une égale indépendance des votes.

A ce terme, nous sommes en présence d'une question de jalousie peu ordinaire : la jalousie d'une révolution à l'égard d'une autre révolution ; entre elles, c'est la plus jeune, intéressée à renvoyer ses adversaires à la cause jugée et perdue en 1688, qui veut s'égaler à la plus ancienne. Et celle-ci serait alors mise en demeure de renoncer au rang distinct et séparé, que l'histoire lui a depuis long-temps assigné.

De son côté, la France répudierait apparemment, la mémoire de deux règnes et de seize années consécutives, l'espace entier de la restauration avec son gouvernement représentatif, ses riches espérances, sa politique honorable, ses préoccupations religieuses tant calomniées ; sans épargner aucun des magistrats, des hommes d'État, des guerriers, qui se présenteront néanmoins avec confiance devant l'avenir, comme l'accompagnement glorieux des rois qu'ils ont servis ; sans égard enfin, pour la manifestation constante durant beaucoup d'années, d'une majorité électorale qui produisit ces Chambres si dévouées à l'honneur français. Leur plus sensible tort hélas! à ces assemblées législatives, fut d'avoir encouragé un trop grand nombre d'orateurs passionnés, jaloux de maîtriser la restauration, et de l'entraîner alternativement en sens contraire, jusqu'à la renverser comme par accident.

L'abandon d'un passé qui fut loin d'être dépourvu de mérite et de fruit, imposerait à la France un sacrifice sans compensation certaine. Pour l'Angleterre, que l'on a désignée comme point d'une comparaison arbitraire, il lui est permis de se montrer désintéressée dans la question, maintenant qu'elle est pourvue de tous les avantages, et au-delà, que la révolution de juillet pouvait lui promettre (1). A ses

(1) Quand Charles X, exilé pour la seconde fois, vint demander un asile à un pays ordinairement hospitalier, l'insulte et le mépris n'épargnèrent ni sa vieillesse ni ses royales infortunes. « En prodiguant l'ou« trage à un prince infortuné, dit un historien mo« derne, l'aristocratie anglaise avait un double but : « elle voulait d'une part se venger des préférences de « Charles X pour la Russie, et, de l'autre, elle espérait « attirer à son alliance la France nouvelle, qui lui fai« sait peur....... Elle savait que sous Charles X il avait

yeux, les faits, simplement exposés avec précision, reparaîtront bientôt sous l'aspect qui les caractérise.

La vérité, une dans tous les temps et dans tous les pays, réclame ses droits méconnus. Devant elle, l'imposture et l'erreur cesseront d'invoquer effrontément la prescription par mois, par jour, par année. Le flambeau de l'histoire portera ses victorieuses clartés sur des évènemens obscurcis, mêlés, confondus à dessein.

« été question de livrer aux Français la rive gauche du « Rhin, et aux Russes Constantinople ; elle savait aussi « que le duc d'Orléans était Anglais par goût et par « inclination, comme il l'avait écrit lui-même.» (Louis Blanc, *Histoire de dix ans,* 1830-1840, p. 4 et 7.)

Voyez aussi, sur l'effet que produisit en Angleterre la révolution de juillet, l'*Histoire de France pendant la dernière année de la restauration,* par un ancien magistrat. Paris, Desenne, 1839, t. 2, p. 194 et suiv. On y lit entre autres que, dans une allocution aux électeurs d'York, le célèbre M. Brougham glorifiait la nation française « qui, réveillée sous le poids d'une *oppression* « *intolérable,* s'était levée dans sa puissance, et avait « chassé *le tyran du trône qu'il souillait.* » Voilà comme les Anglais apprennent l'histoire de France.

Dans cette espérance, une tâche pénible, douloureuse pour un cœur français, ne nous a pas effrayés : nous avons entrepris de mettre en parallèle les révolutions de 1688 et de 1830, en ce qui touche surtout les causes et le mode d'accomplissement ; laissant les effets et les conséquences à la juste appréciation de la postérité, qui, heureusement, s'avance à grands pas.

Trois parties composeront cet ouvrage : dans la première, on jette un coup-d'œil rapide sur les temps qui ont précédé immédiatement le règne de Jacques II et celui de Charles X ; la seconde montre l'ensemble du règne des deux princes, et la troisième leur chute. Nos réflexions, sans être toujours présentées suivant l'ordre chronologique, seront appuyées constamment sur l'authenticité des faits correspondans.

Première partie.

TEMPS ANTÉRIEURS A L'AVÈNEMENT DE JACQUES II ET DE CHARLES X.

Avant de régner, Jacques II et Charles X, séparés par l'intervalle de plus d'un siècle, connurent le malheur et l'exil. Ils parvinrent chacun, après des vicissitudes diverses, à recouvrer l'héritage d'une couronne ensanglantée sous la hache du bourreau, qui priva l'un de son père, et l'autre d'un frère.

Quand Jacques vint chercher un refuge en France, sa quinzième année était à peine accomplie; et Charles X, mûri par l'âge, quittait la France à trente-deux ans.

Jacques voyait le rétablissement de sa famille à vingt-sept ans, desquels douze s'étaient écoulés dans l'exil, et, vingt-quatre années plus tard, il devenait roi par la mort de son frère.

Charles X subit un exil plus long du double, qui dura vingt-cinq ans; il en avait cinquante-sept quand il put revoir sa patrie, et dix de plus, lorsque son frère lui laissa la couronne.

Jacques sut mettre à profit les jours du malheur, en se livrant à l'étude et aux travaux de cinq campagnes de guerre. Formé sous la conduite de Turenne, il devint lieutenant-général au service de France (1). D'après le rapport de Burnet, historien fort prévenu cependant contre

(1) Jacques ne put conserver ce grade qu'avec l'assentiment de Cromwell, après le traité de paix de 1685, et sous la condition de ne plus servir en Flandre. (*Voy.* les *Mémoires de Jacques*, t. 1, p. 78.)

son mérite, Turenne croyait que les dispositions naturelles de ce jeune homme permettaient d'espérer qu'il serait le plus grand prince et le meilleur général de son temps (1).

Charles X, étant jeune, fut aussi l'objet d'espérances flatteuses. Néanmoins une habituelle légèreté d'esprit, des goûts de plaisir et de dissipation, empêchèrent de lui attribuer d'autre supériorité que celle d'un *caractère chevaleresque;* genre de mérite assez vague, difficile à préciser, et d'une utilité douteuse dans la plupart des évènemens de la vie. Cette réputation plaisait au prince; il s'efforçait de la soutenir avec des paroles d'enthousiasme et d'élan, auxquelles un certain à propos donnait plus d'intérêt qu'il n'attachait lui-même d'importance à leur conséquence naturelle. On l'entendit s'exprimer ainsi devant l'assemblée de la noblesse, le 5 mars 1789 : « Je donne à la « Chambre la ferme assurance que le sang de « mon aïeul Henry IV a été transmis à mon « cœur dans toute sa pureté, et que tant qu'il « m'en restera une goutte dans les veines, je

(1) Burnet, *Histoire de mon temps*, liv. 4, p. 5.

« saurai prouver à l'univers que je suis digne « d'être né gentilhomme français. » Ces nobles paroles promettaient des exploits. Quelques années plus tard, en présence des mêmes gentilshommes réunis en corps d'armée, le prince gagna leur cœur par ses manières gracieuses, son affabilité, ses mots heureux; mais on ne put trouver en lui un chef militaire.

Le duc d'York, c'est le titre que portait Jacques avant d'être roi, ne tarda pas à obtenir l'estime des Anglais, par ses connaissances et son application dans tout ce qui concerne l'art de la marine. S'étant mesuré plusieurs fois contre l'amiral hollandais Ruyter, il prouva que la charge de grand-amiral n'était pas un vain titre entre ses mains. La reconnaissance du Parlement lui offrit, comme récompense nationale, cent vingt mille livres sterling. Durant les loisirs de la paix, il composa de sages et utiles réglemens, dont l'usage s'est conservé jusqu'à nos jours sur les flottes anglaises (1). Enfin, Jacques se montrait *homme de mer;* puissante re-

(1) En 1729, on imprima un ouvrage intitulé : *Mémoires sur les affaires d'Angleterre, surtout en ce qui re-*

commandation auprès d'un peuple insulaire, si glorieux des murailles de bois de la vieille Angleterre.

Mais combien les motifs d'une faveur méritée n'étaient-ils pas rabaissés, dépréciés, par un grief énorme, irrémissible à cette époque, où les différentes communions religieuses représentaient, le plus souvent, les intérêts et les rivalités des partis politiques! Le prince, dès long-temps soupçonné de manquer de zèle pour le culte anglican, abandonna les pratiques extérieures, et fit l'aveu d'une défection absolue. Sans être arrêté par la perspective de dangers et de malheurs capables d'intimider le plus ferme courage, il osa se dire catholique.

Dès cet instant, tout ce que le duc d'York avait déployé de talens, de valeur guerrière, d'affection pour la gloire de son pays, tomba dans l'oubli. Ayant confessé lui-même qu'il était *papiste*, il s'offrait comme victime à la

garde la marine, depuis 1660 *jusqu'en* 1673, *écrits par S. A. R. Jacques, duc d'York, durant son administration en qualité de grand-amiral*, etc., publiés d'après les lettres originales et d'autres autorités royales. Londres. (*Voy.* les *Mémoires de Jacques II*, t. 3, p. 343.)

haine publique; et tout Anglais se croyait fondé à le traiter en ennemi.

L'héritier présomptif de la puissance royale renonçant à la religion de l'État, l'Église *établie par les lois* voyait faiblir à la fois le principe et la sauve-garde de son autorité, tant pour le spirituel qu'au temporel. L'Église de Henri VIII n'ayant plus l'espoir d'être cordialement défendue par la couronne, se crut perdue, et ne vit plus de sûreté à espérer qu'en se hâtant de charger les catholiques des chaînes d'une double oppression religieuse et civile.

L'exécution du projet demandait d'autant plus de vigueur, que les coups devaient nécessairement porter bien haut : jusqu'à l'héritier du trône, qu'il s'agissait de rendre inhabile à succéder, en déterminant, à l'avance, plusieurs chefs d'incapacité légale, contre lesquels son droit viendrait un jour se briser.

En conséquence, le fameux bill du *Test* ou *Témoignage*, fut adopté (1673) en ces termes : « Tout individu qui refuserait de prêter le ser-« ment d'allégeance et de suprématie, et de re-« cevoir la communion selon les rites de l'Église « d'Angleterre, sera inhabile à occuper aucune

« charge civile ou militaire (1). » Bientôt fut ajoutée l'obligation de signer une renonciation absolue au dogme de la transubstantiation Eucharistique (2). Un peu plus tard, il fallut reconnaître pour *idolâtre* le culte des Saints et de la Vierge. On oubliait, à ce point, le principe de la liberté d'interprétation des saintes Écritures, article fondamental de la réforme !

L'ensemble de ces prescriptions abusives, appuyées à cette heure, non sur aucune raison empruntée à la théologie, mais sur des clauses pénales, répondit à l'attente des auteurs de cette législation inique. Le duc d'York abdiqua la charge de grand-amiral, et ses ennemis enhardis voulurent encore, mais sans réussir, lui défendre, par un bill, tout accès auprès du roi, faute d'avoir prêté les sermens de religion (3).

(1) Lingard, *Histoire d'Angleterre*, t. 12, p. 336.

(2) Cette formule était ainsi conçue : « Je déclare ne « pas croire qu'il se fasse de transubstantiation dans le « sacrement de la Cène du Seigneur, ni avant ni après « la consécration faite par quelque personne que ce « puisse être. »

(3) Les *refusans* ne pouvaient être admis en présence

Les armes que la passion pouvait emprunter des lois, s'épuisèrent enfin. Mais le mensonge et la calomnie offraient d'immenses ressources : une combinaison atroce de faux sermens servit à nouer une intrigue destinée à remuer profondément les esprits. Ce fut, dit un écrivain anglais, un des évènemens les plus extraordinaires de l'histoire intérieure de notre pays, que la grande imposture du complot de Titus Oates (1). Un aventurier, jusqu'alors inconnu, prétendit savoir que le pape s'était adjugé la

du roi, à moins d'en avoir obtenu la permission de six conseillers privés. Le duc d'York fit passer, à la majorité de deux voix seulement, une exception en sa faveur, et celle de deux dames catholiques de la maison de la reine. (*Voyez* Mazure, *Histoire de la révolution de 1688 en Angleterre.*) Nous ferons un grand usage de cet ouvrage très-important, auquel les Anglais n'ont pu refuser des éloges. On peut voir ce qu'en dit l'ouvrage périodique intitulé : *Foreign quarterly review*, 3e vol., sept. 1828, et january 1829.

(1) Lingard, *Histoire d'Angleterre,* t. 13, p. 74. Quelques mois après, Titus Oates fut convaincu de faux témoignage, et condamné comme tel ; après la révolution de 1688, Guillaume réduisit la pension considérable qui lui avait été accordée sous Charles II. (Lingard, tome 14, p. 27.)

possession de l'Angleterre et de l'Irlande, à cause de l'hérésie du roi et de son peuple; qu'en conséquence le général des jésuites avait commencé à faire la distribution des emplois et des bénéfices; de plus, que ces religieux, assemblés, avaient arrêté de brûler Londres avec les principales villes d'Angleterre, et d'assassiner le roi avec tous les protestans. L'âme de ces horribles desseins était le duc d'York, assisté du confesseur du roi de France, le père de la Chaise, jésuite.

Ces révélations, tout incroyables qu'elles fussent, trouvèrent une foi entière, et les deux Chambres déclarèrent solennellement « qu'il « avait existé, et qu'il existait encore un com- « plot damnable et infernal, tramé et dirigé par « les réfractaires papistes, pour tuer et assas- « siner le roi, pour renverser le gouverne- « ment, déraciner et détruire la religion pro- « testante (1). » Cette annonce remplit de terreur toute l'Angleterre. En peu de jours deux mille conspirateurs prétendus furent amenés dans les prisons de Londres; et le sang des catholiques coulait trop lentement sur les

(1) Lingard, t. 13, p. 102.

échafauds, au gré de la multitude furieuse (1).

Le peuple Anglais était jusqu'à certain point fondé, il faut l'avouer, à ne pas apercevoir sans frayeur ni mécontentement extrême, l'héritier de la couronne prendre place dans les rangs de ces papistes détestés, contre lesquels s'élevaient tant d'énormes accusations; et par malheur, des circonstances réelles, mais de rencontre fortuite, vinrent donner une sorte de confirmation à l'erreur commune : d'abord ce fut une assemblée triennale des jésuites, tenue dans le palais de Saint-James, qui appartenait au duc d'York; c'étaient quelques lettres insignifiantes du père de la Chaise, saisies dans les papiers d'un homme secrétaire de la duchesse; et pour comble de fatalité, survint la mort violente, par des causes inconnues, d'un juge de paix qui le premier avait reçu les dépositions de Titus Oates (2).

(1) Ceux des protestans qui étaient trop éclairés pour croire à la réalité du complot d'Oates, se gardaient néanmoins de récuser un homme *qui leur semblait, disaient-ils, tombé du ciel tout exprès pour sauver l'Angleterre du papisme et de la tyrannie.* (*Voyez* Burnet, *Histoire de mon temps.*)

(2) Un suicide, une vengeance particulière offraient

Jusqu'alors on n'avait guère osé attaquer le duc d'York qu'en s'adressant aux catholiques en masse. Les traits semblaient ainsi parvenir directement jusqu'à lui. On crut même, lors du bill qui priva tous les pairs catholiques du droit de siéger à la Chambre haute, on crut ne pouvoir se dispenser de faire une exception en sa faveur (1); mais bientôt les ménagemens cessèrent, le duc fut attaqué en face : une réprobation presque unanime demandait à haute voix son exclusion du trône. On n'était partagé que sur les moyens d'arriver au but : les uns voulaient nommer un *Protecteur*, investi des prérogatives royales durant la vie du prince, et désignaient, à cet effet, le prince d'Orange; d'autres accordaient la couronne au duc de Monmouth, fils naturel du roi régnant.

Les Communes, dont l'opinion n'était pas douteuse contre le duc d'York, étaient encore

une explication plausible de cette mort qu'on aima mieux attribuer au duc d'York.

(1) Lingard, t. 13, p. 112. Cette interdiction, qui pesa durant cent cinquante ans sur plusieurs familles illustres, ne cessa qu'en 1829, par l'effet du *bill d'Emancipation*.

excitées par des encouragemens publics : la cité de Londres vota des remercîmens à ses représentans au Parlement, « pour la conduite « qu'ils avaient tenue dans l'infernale conspira- « tion des papistes et contre le duc d'York, « cause principale de la misère et de la ruine « de l'Angleterre (1). »

Plusieurs bills *d'exclusion*, itérativement votés, demeurèrent néanmoins sans force à cause du rejet des lords, ou par la prorogation royale du Parlement. Ce dernier obstacle à l'animosité croissante des Communes les irrita jusqu'à leur faire déclarer : « que toute personne ayant « conseillé la prorogation du Parlement, serait « tenue pour traître à Sa Majesté, à la religion « réformée, promoteur des intérêts français et « pensionnaire de la France (2). » En vain, pour dernier moyen, la Chambre fit-elle dépendre son vote des subsides, de l'exclusion du duc d'York, le roi résista.

Faute de mieux, les ennemis du duc d'York se réduisirent à demander un bill de *limitation*,

(1) *Voyez* Mazure, *Histoire de la révolution de* 1688 *en Angleterre*.

(2) *Voyez* Lingard, t. 13, p. 311.

qui, sous les peines les plus rigoureuses, éloignait le duc à cinq cents milles de l'Angleterre, et le décès du roi arrivant, remettait le gouvernement à un conseil de quarante et une personnes. Une autre proposition, fort goûtée et appuyée du prince et de la princesse d'Orange, plaçait le duc sous la tutelle de ses enfans.

Le malheureux prince, attaqué dans ses droits les plus précieux, était encore poursuivi dans sa personne : il fut cité deux fois (1680 et 1681) devant le grand juri de Westminster et de Middelsex, pour avoir assisté à la messe et participé aux sacremens de l'Église romaine. Rien de ce que peut suggérer la haine la plus ardente ne fut oublié. Le triste aveu lui en échappe dans les Mémoires de sa vie : « Ses ennemis avaient « résolu de remuer le ciel, la terre, l'enfer « même, pour lui enlever la couronne (1). »

Charles II se voyait avec douleur hors d'état de protéger, comme il l'aurait souhaité, un frère qu'il estimait, et dont les opinions religieuses lui déplurent moins qu'elles ne l'inquiétèrent, à cause du trouble qu'elles ap-

(1) *Mémoires de Jacques II*, t. 2, p. 105.

portaient dans l'État (1). Il refusa toujours de légitimer la naissance de Monmouth, et d'encourager le jeune ambitieux dans sa prétention d'être plus proche de la couronne, suivant l'intérêt de la religion réformée, que la princesse d'Orange et l'autre fille de Jacques. Mais le roi dut céder à la pénible nécessité d'éloigner momentanément son frère hors de l'Angleterre, pour essayer de calmer la rage de ses ennemis (2).

Cependant des jours moins fâcheux attendaient le duc d'York après la dissolution du Parlement, prononcée par le roi, comme seul moyen qui restât pour diminuer l'agitation des esprits. Alors, plusieurs faits qui, dans les derniers temps, avaient causé des préoccupations si terribles, cessèrent de se présenter sous le même aspect; les yeux s'ouvrirent jusqu'à

(1) On sait que Charles, dans sa dernière maladie, demanda et reçut les sacremens de l'Eglise catholique. (*Voyez* Lingard, t. 13.) Burnet prétend que Charles détestait le duc d'York, bien que, sur la fin de sa vie, il ait exposé sa couronne pour la conserver à son frère. (*Histoire de mon temps*, t. 3, p. 427.)

(2) Jacques se retira à Bruxelles, puis à Edimbourg.

un certain point sur la violence et l'emportement des Communes, sur l'invraisemblance des complots papistes, et, à plus forte raison, sur l'abus énorme des emprisonnemens et des exécutions de mort presque aussi nombreuses.

A la fin tourna contre les whigs, promoteurs de ces cruels excès, la mobilité des passions et des sentimens dont l'effet est si puissant dans les gouvernemens représentatifs. Les whigs, rudes champions des libertés publiques, lors même qu'elles ne sont pas attaquées, ces adversaires implacables du duc d'York, à l'égard duquel ils prenaient le titre d'*exclusionistes*, perdirent pour long-temps, suivant toute apparence, un pouvoir dont ils avaient indignement abusé. Ils tentèrent inutilement de le ressaisir, au moyen du complot de *Rye-House* (1), qui conduisit sur l'échafaud lord Russel, chef des *exclusionistes*, l'ennemi personnel du duc d'York, le persécuteur le plus actif des catholiques.

Toutes les circonstances du moment tendaient à faire ressortir les suites funestes de la doc-

(1) *Rye-House*, ou maison du seigle, était une ferme où se réunissaient les conspirateurs. (*Voyez* Lingard, t. 14, p. 392.)

trine des whigs, sur le droit de résistance à l'autorité. La nation étant effrayée des dangers sans fin qui menaçaient sa tranquillité, une sorte de besoin du repos la ramena, en sens contraire, vers la doctrine de l'obéissance passive; qui fut alors reconnue, et solennellement inaugurée par un décret fameux de l'université d'Oxford (1).

Les esprits, ainsi disposés, se résignèrent au malheur probable d'obéir à un roi papiste; d'autant que les zélateurs de l'Église évangélique n'offraient, en somme, d'autre moyen préservatif que le meurtre et la sédition. On pouvait d'ailleurs espérer que peut-être le duc d'York, d'un âge assez rapproché de son frère, ne fournirait pas une trop longue carrière; et qu'après une déviation passagère, hors de la ligne protestante, la couronne reviendrait aux princesses filles de Jacques, dont la croyance était suffisamment garantie par leur éducation, une pratique habituelle, et leur mariage avec deux princes protestans. Ces considérations eurent assez de poids pour qu'il fût possible à Jacques

(1) *Voyez* Lingard, t. 13.

de revenir en Angleterre, et de reprendre, non pas le titre, mais les fonctions de grand-amiral, dans lesquelles l'impéritie et la vénalité des suppléans avaient fait regretter son absence (1). Il osa se permettre aussi de se rendre en personne au conseil, prétextant, pour éluder les défenses du *test*, le motif plausible d'accompagner le roi.

L'accès du trône semblait donc s'aplanir par degrés devant l'héritier de Charles II. Aucun prince, dit un historien anglais, ne succéda plus tranquillement (2). Son droit de naissance fut reconnu aux applaudissemens de la multitude, empressée de saluer un nouveau règne (1684). La cérémonie du couronnement d'un roi catholique, accomplie par le seul ministère des évêques protestans, sembla un accord de paix future entre les deux cultes (3). Au milieu des trans-

(1) Le roi prenait soin de signer les actes pour lesquels le seing du grand-amiral était absolument nécessaire. (Lingard, t. 13, p. 441.)

(2) Lingard, t. 14, p. 13.

(3) Jacques avait consulté sur la cérémonie du couronnement, d'après les rites protestans, le pape et plusieurs théologiens fameux. (Lingard, t. 14, p. 16.)

ports de l'allégresse publique, on espéra que, malgré leur opposition de dogme, la religion du roi et celle du peuple uniraient tous les cœurs par le précepte commun de charité universelle.

On se flatta encore de l'espérance qu'un prince qui s'était vu de bonne heure en position de chercher les voies de la prudence, saurait les suivre étant sur le trône; alors qu'elles lui seraient si nécessaires pour remédier aux conséquences de son changement de religion. Pour tout dire, dans cette grave démarche, un seul genre de mérite et de courage lui manqua au sein d'une cour voluptueuse : la force et la constance de justifier, par la régularité de ses mœurs, sa louable délicatesse en matière de foi chrétienne (1). Du reste, il fit preuve de générosité et de grandeur d'âme en acceptant, de plein gré, la chance imminente des plus cruelles disgrâces dont la vie d'un roi puisse être traversée. L'indépendance

Burnet remarque que Jacques s'abstint pour lors de recevoir la communion, qui, d'après l'usage, fait partie de la cérémonie. (*Histoire de mon temps*, l. 4, p. 24.)

(1) *Voyez* Mazure, t. 2, p. 146, et Lingard, t. 14, p. 122.

de conscience, qui met un si grand prix à ne pas renier ses convictions religieuses, ne doit pas être assurément dépourvue de tout droit aux égards d'une haute philosophie.

Après avoir suivi Jacques II jusqu'au moment de son règne, nous accompagnerons Charles X dans la même partie de sa carrière, en nous bornant aux détails indispensables pour faire connaître le prince et les évènemens importans.

La restauration des Bourbons n'arriva pas, comme celle des Stuarts, par le seul effet d'une crise intérieure préparée, décidée par les hommes du pays : il fallut que l'Europe, révoltée contre le joug de Napoléon, conduisît à Paris ses armées victorieuses, et qu'après d'illustres revers la France envahie, eût vu mettre en question jusqu'à son existence de nation indépendante ; il fallut aussi que Napoléon, redevenu empereur durant cent jours, fût encore détrôné par les efforts d'un million de soldats étrangers, et, pour la seconde fois, abandonnât la couronne. La vicissitude singulière de deux invasions si rapprochées, suivies de désastres sans nombre, appela itérativement la présence de nos anciens princes, pour unique remède à tant de calamités. Venant réconcilier la France avec les souverains et les nations, les Bourbons la sauvèrent.

Cette vocation fit leur force aussi long-temps que dura l'épreuve des mauvais jours, et tourna contre eux lorsque, le calme et la prospérité ayant reparu, l'ingratitude leur reprocha d'avoir été imposés par l'étranger : comme s'ils avaient eux-mêmes créé les funestes conjonctures qui devaient les rendre nécessaires à la France épuisée !

Lorsqu'en 1660 les approches de l'anarchie, contre lesquelles le fils de Cromwell n'était qu'une trop faible défense, eurent décidé les Anglais à relever le trône des Stuarts, Charles II trouva sous la main tous les ressorts d'un gouvernement en action, appuyé, comme auparavant, sur les deux Chambres du Parlement. Louis XVIII, au contraire, transporté subitement dans un espace sans limite, n'y voyait debout que son trône, placé à la hâte au milieu des débris du colosse impérial, dont la chute couvrait la France de ruines. Louis XVIII dut songer à reconstruire en tâchant de raccorder, s'il était possible, un édifice nouveau avec ce qui n'avait pas entièrement disparu, par souvenir du moins, des plus vénérables monumens de la France ancienne. Il semblait qu'un certain lustre de jeunesse eût ravivé les traditions de nos pères, depuis que leur représentant naturel parmi nous, l'aîné des Bourbons, était revenu dans les lieux de sa naissance. On souhaitait généralement que son droit d'hérédité, presque oublié depuis vingt ans, pût renaître à l'aide de ses racines séculaires; mais il ne suffisait pas qu'à cette intention, le roi datât ses ordonnances de la dix-neuvième année de son avènement, en adoptant la fiction légale de rétrograder jusqu'à la mort du fils de Louis XVI, dont le règne ne s'était jamais ouvert. Il fallait, pour obtenir un point si désirable, le concours du peuple désabusé des révolutions, et surtout l'effet de circonstances favorables.

Quant au retour des institutions subsistantes avant la révolution, personne n'y songeait sérieusement, excepté quelques-uns des fidèles compagnons de l'émigration royale. Eux seuls, peut-être, auraient osé entreprendre une réédification dont le simple soupçon avait déjà occasionné, en plusieurs lieux, une sombre méfiance.

Louis XVIII n'éprouvait personnellement qu'une déplaisance médiocre à subir la nécessité de se rapprocher des erremens de la révolution. Doué d'un esprit fin et délié plus que profond, et jusqu'alors privé de toute expérience dans l'administration, il s'effrayait, non sans raison, de la tâche difficile de recomposer un système de gouvernement; auquel il faudrait assujétir le caractère inconstant de la nation, maintenant en repos après beaucoup d'années de guerres; mais qui pouvait bientôt regretter les moissons de lauriers dont Napoléon l'avait si merveilleusement comblée.

Avant tout, il fallait trouver un aliment à l'activité naturelle aux Français; Louis XVIII crut l'avoir trouvé, en remplaçant l'amour de la gloire par l'amour de la liberté et par l'habitude de s'occuper des intérêts publics. Il désirait mettre à la portée de toutes les positions sociales, une part plus ou moins large d'intervention dans le gouvernement, d'après un ordre fixe d'attributions à la fois populaires et monarchiques. Chose digne de remarque! cette liberté et ces droits politiques, dont les Français avaient inutilement poursuivi la possession à travers tant de crimes et de folies, et qu'ils avaient ensuite oubliés pour devenir soldats d'un conquérant;

cette liberté devait se représenter un jour à leurs yeux sous le patronage d'un frère de Louis XVI; que n'arrêterait pas le souvenir sanglant de ses parens immolés au nom de cette même liberté, ni la mémoire de ses propres infortunes! Au surplus, pour se reporter aux premiers momens du règne de Louis XVIII, c'était peut-être l'unique moyen qui fût alors de relever, dans l'opinion commune, le gouvernement d'un vieux roi dont l'existence avait été long-temps ignorée de ses sujets, et qui venait à l'improviste d'Angleterre s'asseoir sur le trône du grand Empereur.

Louis XVIII fut ainsi conduit à rentrer dans les voies des *Constitutionnels*, de ce parti puissant aux premiers jours de la révolution, et dont lui-même avait dès lors adopté les opinions; en s'attachant surtout à cette idée, suivie avec plus de présomption que de prudence, de doter la France d'un gouvernement représentatif imité des Anglais. Ce système, qu'une théorie abstraite avait fait connaître aux Français, leur avait toujours échappé dans l'application : la république en avait outré les conséquences, et l'empire les avait anéanties sous le poids du despotisme militaire.

Pour venir enfin à la pratique, Louis XVIII s'investit du *pouvoir constituant*, dont la France avait déjà subi, à diverses époques, plusieurs essais malheureux. « *Par le libre exercice du* « *pouvoir royal, fut fait concession et octroi...* « *de la Charte constitutionnelle.* » On était trop proche du règne de Napoléon pour que personne à peu près, songeât à se formaliser de ces expressions, que nous verrons plus tard durement inculpées, comme trop absolues et constatant uniquement l'action du pouvoir royal, sans la participation du peuple; susceptibilité qu'alors ne permettait guère de prévoir l'indifférence marquée avec laquelle on voyait paraître la huitième Constitution française depuis 1789. Rien ne démontrait qu'elle fût plus parfaite que les précédentes, jurées et abolies presque au même instant : on considéra l'œuvre de Louis XVIII moins comme une Constitution toute neuve, pour laquelle il fallût encore se passionner, que comme une transaction qui pouvait n'être pas hors de propos, entre les Bourbons réintégrés et les intérêts nés de la révolution durant leur absence.

A la tête de ces intérêts se plaçait la question des biens nationaux que la Charte, par des motifs d'utilité publique grande et impérieuse, décida en faveur des détenteurs actuels, contre les anciens propriétaires. Plusieurs de ces derniers s'étaient flattés d'une restitution prochaine, qu'ils invoquaient en vertu du même principe de justice qui venait d'être appliqué au légitime héritier de la couronne.

En même temps, la Charte mettait à la disposition des partis les armes les plus propres à servir leur animosité : la liberté de parler et d'écrire, long-temps comprimée, prenait rang parmi les facultés qui, suivant le droit naturel, appartiennent essentiellement à chacun. En conséquence, des écrivains, dont plusieurs s'étaient bornés jusqu'alors à cultiver avec succès la littérature légère, s'attribuèrent la charge de Censeurs perpétuels, à l'égard du gouvernement; ou lui accordèrent une protection dédaigneuse, à condition de suivre leurs conseils. On vit bientôt reparaître ce qui restait encore d'orateurs, ayant autrefois brillé dans nos assemblées populaires et législatives; vieillards redevenus jeunes comme par miracle, en voyant relever plus haute que jamais, la tribune politique qu'ils avaient cru renversée, au moins pour le temps de leur vie. On reconnut aisément les *Constituans* et les *Idéologues*, que Napoléon estimait plus dangereux à la France que toutes les armées de l'Europe réunies. Et l'on eut à s'étonner de l'alliance étroite que firent avec eux des personnages de l'Empire, connus pour avoir été les instrumens serviles du despotisme, et qui maintenant se plaignaient amèrement, de trouver les Bourbons trop absolus et la Charte pas assez libérale.

La Charte était le point sur lequel tous les partis fixaient les yeux. Vantée à outrance par les contempteurs de l'ancienne monarchie, par les enthousiastes de toute chose portant l'empreinte de la révolution, elle était, dans un sens opposé, aussi mal jugée des royalistes, qui s'autorisaient, pour la blâmer, de leur fidélité au culte des souvenirs. Leur dévouement à la royauté, tout sincère qu'il était, n'empêcha pas toutefois qu'ils ne vissent dans Louis XVIII un débiteur arriéré à leur égard, auquel ils n'étaient pas disposés à faire grâce de la moindre partie de cette dette immense de reconnaissance, qui fut toujours considérée comme un des plus grands embarras des restaurations à consolider, et dont le poids avait déjà failli accabler autrefois Henri IV. Les royalistes oubliaient qu'en 1814 c'était la force des circonstances qui avait rappelé les Bourbons, presqu'à l'insu de leurs partisans, lassés depuis long-temps et découragés. Non seulement ils sollicitaient des récompenses, mais encore des intrigans, parés de leurs honorables antécédens, demandaient, exigeaient avec hauteur le prix d'un dévouement factice. Personne ne voulait apercevoir qu'avant de récompenser, le roi était obligé d'acheter l'inaction ou les services de ses ennemis.

A la cour arrivaient de toute part les plaintes de la fidélité malheureuse, ou de l'ambition et de la cupidité déçues. On connaissait la bienveillance avec laquelle le prince, frère unique du roi, accueillait toutes les infortunes royalistes, vraies ou supposées. Il avait gardé, suivant l'usage ancien, la qualification de *Monsieur,* telle que son frère aîné l'avait portée, n'étant pas encore roi.

Entre les deux princes s'était manifestée, dès leur première jeunesse, une opposition constante de goûts, d'opinion, de sentimens, devenue bien plus saillante par leur situation actuelle. On voyait briller dans le même palais deux cours rivales en quelque sorte, ayant une hiérarchie semblable de charges, de dignités, d'officiers, avec des gardes, et une splendeur presque pareille. D'une part, le roi était délaissé avec affectation par nombre de royalistes marquans, de l'autre côté, la cour de *Monsieur* avait peine à contenir l'affluence toujours croissante des plus ardens défenseurs de l'autorité royale. Là revenait sans cesse, dans les entretiens de chaque jour, la mention de l'ingratitude du roi envers les royalistes, de la prodigalité des grâces et des faveurs accordées à ses ennemis. Enfin, aveu pénible que nous impose le devoir d'historien ! la diffamation, l'injure contre le roi légitime et son gouvernement, étaient à l'usage habituel de plus d'un royaliste considéré. Blessés dans leurs plus chères affections, contrariés dans les espérances de toute leur vie, ils soupiraient, bien loin de prévoir l'avenir ! après le règne de *Monsieur*, qu'ils regardaient comme l'unique et peut-être trop tardif moyen de consolider la restauration.

L'attitude du prince, qui dépendait peut-être moins de sa propre volonté que des vues particulières de ses amis, présentait des inconvéniens à redouter dans la suite : le public se croyait fondé à considérer l'héritier de la couronne, chef des mécontens royalistes, comme l'adversaire le plus redoutable de la Charte. Malheureusement, le caractère, les antécédens, les entours du prince donnaient couleur à la supposition, aggravée singulièrement par le degré de puissance dans l'État dont jouissait *Monsieur,* à un point supérieur de beaucoup à ce qui appartenait, dans l'ancien temps, au frère puîné du roi régnant : ainsi, le prince exerçait une portion d'autorité et de pouvoir dans toute la France, en vertu de la charge créée exprès pour lui, de *Colonel-général des gardes nationales du royaume.* Les officiers de cette milice, nommés sur sa présentation, lui rendaient compte de ce qui touchait aux personnes, à l'esprit public, aux faits de chaque localité. Leurs rapports, et souvent leurs prétentions particulières contrariaient, inquiétaient l'administration départementale, agissant au nom du roi. Sous ce point de vue, l'existence d'un gouvernement *occulte*, dénoncée avec tant de bruit pouvait présenter quelque apparence de réalité.

Les premières élections de députés à la Chambre, après la restauration, avaient eu lieu sous la triple influence de l'entraînement causé par le retour des Bourbons, de l'irritation contre Napoléon, et du dégoût des égaremens révolutionnaires, qui avaient en définitive fait tomber le pouvoir dans les mains d'un conquérant. Cette disposition des esprits donna naissance à la Chambre de 1815, royaliste par enthousiasme, autant que par conviction réfléchie. C'était la *Chambre introuvable,* suivant l'expression malicieuse de Louis XVIII, étonné qu'il se soit rencontré dans chaque département autant de personnes dont les opinions et les sentimens fussent exempts de tout alliage de révolution. Avec ces députés, élus d'ailleurs par une majorité considérable, *Monsieur* se fit gloire d'être uni de cœur, et de rivaliser d'efforts afin d'épurer, d'après les scrupules d'un royalisme absolu, le personnel des différens services publics ; à commencer par l'armée, sans omettre les moindres emplois civils. Préliminaire indispensable du dessein hautement annoncé de faire revivre au plus tôt, par loi et par ordonnance, la force épuisée du principe religieux et monarchique.

Louis XVIII fut effrayé d'un si vaste et hasardeux projet. Il recula devant l'idée d'entreprendre la transformation subite de la France, telle que les années et la révolution l'avaient faite, en une autre France, plus jeune au moins d'un demi-siècle ; et saisissant la dernière ressource de l'autorité royale, lassée par l'obstination parlementaire, il prononça la dissolution de la Chambre, déclarant en outre qu'aucun article de la Charte ne serait révisé.

Ce coup d'État subit, imprévu, connu sous le nom d'ordonnance du 5 septembre (1816), plongea dans la surprise et le chagrin le parti royaliste, aux yeux duquel cette mesure n'était, de la part du roi, qu'un trait d'aveuglement inexplicable et d'ingratitude monstrueuse (1).

A considérer les choses froidement et dans l'ensemble, il était temps de mettre la restau-

(1) Un écrivain de ce temps veut que cet évènement soit tenu *pour l'acte de l'autorité royale le plus étonnant de l'histoire moderne.* (Projet d'accusation contre le duc Decazes, par M. Clausel de Coussergues, p. 42.)

ration en demeure d'accomplir la haute mission de concorde et d'union, que l'intérêt général du pays lui avait assignée ; il fallait que l'autorité publique ouvrît généreusement une voie large de pacification, dans laquelle on la verrait entrer et se maintenir dégagée d'une multitude innombrable de souvenirs de douleur et de haine ; triste héritage que les victimes ulcérées de la révolution croyaient utile de léguer à la restauration, comme une sauve-garde contre sa propre indulgence, un préservatif nécessaire à sa conservation.

Mais on blessait à la fois la justice, l'honneur de la couronne, et son intérêt, quand, à la suite de l'ordonnance du 5 septembre, on expulsa les royalistes des emplois élevés comme des plus humbles ; quand on prit à tâche de déprécier, de ravaler les affections du cœur envers la royauté ; d'anéantir, au lieu de la modérer, une surabondance de zèle qui peut importuner les princes dans la prospérité, mais qui les sauve au jour du danger, lorsqu'ils savent la diriger. On n'était pas mieux fondé à partager entre les ennemis de la restauration les dépouilles enlevées aux vaincus, à leur accorder les honneurs de la cour, à les recommander aux colléges électoraux, afin de composer, en toute hâte, une majorité parlementaire dédaigneuse envers les Bourbons. En un mot, le but de l'ordonnance du 5 septembre fut outrepassé. Pour en diriger l'effet, une main prudente et ferme manqua; soit à cause de l'animosité personnelle des ministres, soit par la force des choses, qui souvent ne permet d'éviter le danger d'une pente trop rapide, qu'en aboutissant à une autre plus périlleuse.

Ces réflexions expliquent la douleur profonde qui, dans ces conjonctures, s'empara de l'héritier du trône. La monarchie lui semblait en péril, et ses affections étaient blessées dans ses amis, dont le chagrin s'exhalait en reproches amers, en menaces inconsidérées; sans éviter, cette fois encore, l'indiscrétion et les démarches irréfléchies, habituelles de tout temps aux partis qui peuvent s'appuyer sur des convictions généreuses et profondes; de là, comme en Angleterre pendant le règne de Charles II, ces bruits calomnieux de complots tramés sous la direction du prince frère du roi (1). Et pour

(1) Conspiration des généraux Canuel, Donadieu, etc.

représaille des attaques auxquelles le ministère était journellement exposé, la diffamation était encouragée en France et dans les gazettes étrangères, contre les royalistes et la personne de *Monsieur* (1). La cour du prince ne manquait pas d'hommes violens, qui auraient été disposés, peut-être, à réunir dans les provinces de l'Ouest les élémens d'une opposition armée; mais l'honneur et la conscience de *Monsieur* eussent toujours opposé, à de pareils desseins, la barrière insurmontable du devoir de sujet et de frère.

Les coups les plus furieux des royalistes étaient dirigés contre le ministre qui avait principalement contribué à l'ordonnance du 5 septembre. Il semblait avoir obtenu pour lui-même le rétablissement de l'emploi de favori du roi, vacant depuis le règne de Louis XIII. Ce ministre, inébranlable durant cinq ans, fut renversé par le tragique évènement de l'assassinat du duc de Berri (2).

(1) *Correspondance privée du Times et du Courrier*, journaux anglais.

(2) 13 février 1821. De ce jour date la chute de M. Decazes.

Un deuil commun entre la France et *Monsieur*, fixa l'intérêt général sur le prince qui venait d'être si cruellement privé d'un fils; et les royalistes, tirant de ce malheur un témoignage sanglant contre leurs adversaires, ressaisirent le pouvoir; par l'effet d'une vicissitude semblable en quelque sorte à celle que nous avons vu, en Angleterre, tourner à la grande confusion des *exclusionistes*, des *whigs*, et amener ensuite l'avènement paisible du roi Jacques (1).

Le retour des royalistes au pouvoir donna naissance à un ministère formé sous l'influence de *Monsieur*, avec un chef d'une haute capacité, qui put se maintenir pendant presque tout le temps de la restauration (2). Alors fut réalisé le désir ardent des hommes religieux, unis au clergé, qui, s'étant autrefois déclarés des premiers pour le rappel des Bourbons, avaient surtout apprécié en eux l'avantage d'être comptés parmi les descendans de saint Louis; et qui maintenant voyaient s'élever, pour accom-

(1) *Voyez* p. 37.

(2) Le ministère de M. de Villèle avait été précédé du second ministère du duc de Richelieu, qui dura peu de temps.

plir leur double souhait, un ministère également religieux et monarchique.

Louis XVIII, jusqu'alors très-jaloux de paraître gouverner lui-même, se résigna à subir l'intervention officieuse de son successeur, contre laquelle il s'était toujours prémuni. Avec la dignité qui lui était naturelle, un tact parfait, et son goût pour la représentation extérieure, il sut dissimuler aussi bien que possible l'abdication tacite, à laquelle ses infirmités croissantes avaient plus de part que sa volonté.

Dès-lors, dans tout ce qui tenait à la marche du gouvernement, l'opinion publique associait au blâme, comme aux éloges, l'héritier de la couronne. Une part de gloire lui revint dans l'expédition que le seul fils qui lui restait dirigea contre les révolutionnaires d'Espagne; lesquels s'étaient emparés de la personne et de l'autorité du roi. Sous les auspices de la victoire, redevenue fidèle à la France, dans un pays où Napoléon avait éprouvé de si grands revers, l'alliance ancienne des Bourbons avec l'armée fut renouvelée. Quant aux affaires intérieures, deux grands projets, le remboursement intégral de la dette publique, et l'indemnité des émigrés, causèrent de profonds dissentimens. Mais, à tout prendre, malgré les amplifications furibondes de la tribune, et l'aigreur croissante chaque année dans la Chambre des députés; malgré les entreprises désespérées des ennemis des Bourbons, secondés par les ténébreuses pratiques des sociétés secrètes, la France tendait au repos et à l'accroissement graduel de la prospérité commune.

L'exercice à titre précaire de l'autorité dont jouissait *Monsieur*, finit avec la vie du roi, son frère. Après avoir régné dix ans, le fondateur de la Charte laissa les institutions constitutionnelles privées d'un utile soutien : sa prudence connaissait des écueils sur lesquels un successeur moins clairvoyant pouvait un jour briser le vaisseau de l'État, et se perdre lui-même.

Cependant, la position de *Monsieur*, au moment de succéder à la couronne, était sans contredit favorable et prospère, par comparaison avec celle où se trouvait, en Angleterre, le duc d'York, quand son frère lui laissa le trône. A cet instant, le souvenir du vote d'exclusion, si souvent répété dans la Chambre des communes, inquiéta vivement les catholiques, et le petit nombre des protestans bien intentionnés à l'égard de Jacques. On était fondé à s'effrayer du grand danger d'une opposition puritaine, venant à la fois d'Ecosse et d'Angleterre.

Quant au prince français, la malveillance s'était, il est vrai, attachée à dénaturer ses sentimens religieux, qui n'étaient autres que ceux de ses ancêtres, conformes d'ailleurs à la religion dominante, comme aux habitudes d'un grand nombre de Français. Sa foi toute chrétienne reposait sur des convictions sincères, rendues plus vives par le repentir d'une jeunesse dissipée, et par les malheurs de la révolution. Mais son esprit n'était pas, comme on l'assurait, absorbé dans les pratiques d'une dévotion minutieuse, trop peu éclairée pour tolérer l'indifférence du siècle; toutes ses pensées ne tendaient pas à mettre son autorité hors de tout contrôle, par l'intervention abusive du droit divin. Sa royale sollicitude embrassait d'autres soins que le rétablissement impossible du clergé, de la noblesse, dans leurs anciens priviléges et leur richesse passée. Néanmoins, on remarquait dans la nation les premières atteintes d'une défiance qui répandit bientôt comme un venin funeste sur la plupart des actions du nouveau règne. On voyait une apparence d'incertitude dans l'affection populaire que le prince, en d'autres temps moins critiques, eût aisément captivée par sa bienveillance naturelle, son abord doux et facile.

Toutefois, *Monsieur* n'avait pas été privé entièrement du fruit de la prudence et de la sagesse qu'on lui avait reconnues, durant l'espèce d'interrègne de deux années, du vivant de Louis XVIII. Sa conduite avait donné un démenti éclatant aux sinistres prédictions du parti libéral. Aussi, lorsque, sous le nom de Charles X, il fit son entrée royale dans Paris, l'enthousiasme qui salua sa venue rappela les bruyantes acclamations des premiers jours de la restauration. Le prince, que l'on croyait peu favorable à la liberté, se montra disposé à recevoir les conseils de la presse, en annulant immédiatement l'ordonnance de Louis XVIII, qui, peu de mois auparavant, avait rétabli la censure des journaux. Des grâces, des amnisties, des libéralités furent accordées avec profusion, et des mots remarquables, sortis de la bouche du roi, auxquels la circonstance donnait plus de valeur, mirent le comble à la joie publique.

Heureux d'un accueil qui le remplissait de joie, Charles ouvrit son âme à la confiance. Pouvait-il exclure sa propre famille de l'abandon auquel il se livrait envers son peuple, et fixer en ce moment l'œil scrutateur de Louis XI sur les princes de son sang? Loin de là, sa bienveillance, exempte de soupçons, ne fit pas difficulté d'accorder le titre d'*altesse royale* au duc d'Orléans, qui sollicitait, avec ardeur, cet avant-goût des honneurs du trône (1). Enfin cessèrent tout d'un coup les hostilités envers le pouvoir, comme si la pensée salutaire était venue aux partis de renoncer à la perpétuité de leurs combats. L'attention publique était captivée, satisfaite par les marques de bonté, de générosité,

(1) D'après les usages de la monarchie, le duc d'Orléans n'avait droit qu'au titre d'altesse sérénissime; la princesse sa femme était seule *altesse royale*, par son père, roi des Deux-Siciles. La prise de possession du nouveau titre eut lieu le 19 septembre 1824, par l'entrée de la famille d'Orléans aux Tuileries, *en carrosse à huit chevaux*, pour jeter de l'eau bénite sur le corps de Louis XVIII.

d'affabilité qui annonçaient à chacun l'avènement d'un roi tout Français de cœur, de paroles et de manières.

Deuxième partie.

RÈGNES DE JACQUES II ET DE CHARLES X,
JUSQU'AU MOMENT QUI PRÉCÉDA LEUR CHUTE.

Ce n'est pas sans raison qu'un historien contemporain de Jacques II, l'accuse de n'avoir laissé que le souvenir d'un règne de honte et de misère. Mais quand cet écrivain rejette tout le blâme d'une situation aussi fâcheuse sur Jacques uniquement, et sur la religion qu'il avait embrassée, on reconnaît le Théologien anglican et les sentimens haineux du plus actif et du plus habile artisan de la royauté de Guillaume (1).

Le mal venait de plus loin : dès le règne précédent, l'Angleterre avait vu la politique de Charles II compromettre l'honneur britannique à l'égard des autres nations; circonstance que nous n'avons pas indiquée jusqu'à présent, afin d'en faire mieux voir la relation avec la conduite de Jacques devenu roi. On doit penser qu'à tout évènement Louis XIV n'avait négligé, suivant sa prévoyance ordinaire, aucune occasion d'obtenir sur les Stuarts, une influence personnelle défavorable aux intérêts de leur patrie. La France ayant adouci, charmé plus d'une fois l'exil de Charles II et de son frère, des sentimens de reconnaissance et d'affection pour ce pays, s'étaient naturellement liés aux souvenirs de leur jeune âge. Les rudes épreuves de la mau-

(1) Burnet, *Histoire de mon temps*, l. 4. Le même auteur dit encore dans la *Vie de Guillaume*, l. 5, part. 2: « Sans le papisme, Jacques aurait été sinon un grand « prince, du moins un bon prince. »

vaise fortune n'avaient pas empêché que Charles II ne portât sur le trône un caractère léger, avec des goûts de prodigalité inexcusable aux yeux du Parlement; surtout après la vente de Dunkerque à la France. Aussi le roi différait-il toujours d'assembler les Chambres, parce qu'il craignait de recevoir les reproches qu'il méritait, au lieu des subsides qui lui étaient nécessaires (1).

De là cette indigence, difficile à concilier avec les honneurs du rang suprême, qui engagea Charles à se mettre dans la dépendance de Louis XIV. Ce roi désirait, par dessus tout, la puissance, la gloire, l'éclat d'un grand règne. Deux princes si éloignés de tendre au même but, comprirent qu'il leur serait facile de se donner, par un échange mutuel, ce qui manquait aux vœux de chacun.

En conséquence, Louis s'engagea à payer tous les ans, au roi Charles, deux cent mille livres sterling; à condition que la république

(1) Il aurait été juste cependant, selon l'observation de l'historien Lingard, de tenir compte à Charles II de l'embarras des charges énormes dont il trouva l'Angleterre grévée. (*Histoire d'Angleterre*, t. 12, p. 40.)

hollandaise serait abolie, son territoire partagé entre eux, et la religion catholique, rétablie en Angleterre (1). Alors naissait pour la France l'intérêt majeur d'empêcher la convocation du Parlement, dont les subsides auraient pu fournir au roi Charles les moyens de renoncer au traité. Aussi, à chaque époque de paiement, le prince anglais était averti de la part de son débiteur qu'il n'aurait plus rien à espérer, dès que le Parlement serait assemblé. De son côté, Charles, toujours pressé de recevoir, feignait d'être au moment de succomber à la nécessité de la convocation; à moins que le roi de France, devançant les échéances, ne lui fît compter au plus tôt une somme déterminée. Celui-ci débattait, contestait, afin d'obtenir, au meilleur marché possible, la continuation du traité d'alliance; de sorte que les souverains, tels que les représentent leurs ambassadeurs, dans les dépêches

(1) Plusieurs traités dans le même sens furent conclus. (*Voyez* Mazure, *Histoire de la révolution de* 1688, et Lingard, *Histoire d'Angleterre*, t. 12 et 13.) Les traités se conclurent le plus souvent à l'insu des ministres anglais, qui n'auraient osé prendre part à une alliance avec la France, repoussée de toute la nation.

parvenues jusqu'à nous, sembleraient n'avoir été occupés à ce moment qu'à faire entre eux des décomptes d'argent, comme deux marchands également intéressés (1).

L'alliance de l'Angleterre avec la France perdait la Hollande, si Guillaume de Nassau, prince d'Orange, ne se fût présenté pour la sauver. Ce prince, que la révolution de 1688 éleva si haut, était orphelin, privé de son père avant de naître. Tout semblait le destiner à une vie obscure : l'extrême faiblesse de son tempérament, et les dispositions d'un édit qualifié de *perpétuel,* qui avait supprimé la charge de Stathouder, dont les honneurs et les prérogatives avaient été une des plus belles illustrations de sa familles (2). Son tuteur, Jean-de-Witt, lui avait fait jurer de ne jamais essayer de rétablir cette dignité, et de la refuser, quand même elle lui serait offerte. Jean-de-Witt prétendait

(1) Les recherches faites depuis peu d'années, dans les archives du ministère des affaires étrangères, à Paris, ont répandu un jour nouveau sur cette époque de l'histoire. (*Voyez* Mazure, t. 1.)

(2) Cet acte avait été fait en 1667, par l'assemblée générale des Etats de la Hollande.

renfermer l'avenir de sa patrie, et la carrière de son pupille, dans le cercle étroit de ses préjugés républicains.

Mais la fortune se joua de la perpétuité assignée à l'édit, par l'Assemblée des États-généraux : les Hollandais, en présence des armées conquérantes de Louis XIV, refusèrent de se laisser périr, par respect pour les délibérations surannées de leurs devanciers : ils virent leur salut dans le rétablissement de la charge de stathouder, rendue au prince d'Orange. Celui-ci, capitaine-général à vingt-deux ans, avait, au plus fort du danger, relevé le courage des magistrats, rassemblé des troupes, fermé, au moyen d'inondation, les passages qu'il ne pouvait garder, et livré ailleurs des combats heureux. Les souverains s'étant réveillés à la voix de Guillaume, on vit naître et grandir la ligue d'Augsbourg, formidable coalition de l'Europe contre la France. Et moins d'un an après avoir été conquise, la Hollande fut délivrée.

La reconnaissance des Hollandais pour un si grand service, ne cédait pas à l'admiration des Anglais, fiers d'un jeune guerrier qui leur appartenait doublement en qualité de neveu, et plus tard, de gendre de leur roi (1). Ils aimaient surtout en lui, l'adversaire infatigable de la France, et l'ennemi personnel de Louis XIV. Londres, comme Amsterdam, et l'Europe entière, portaient jusqu'aux nues les talens et la gloire du prince d'Orange.

Il n'entre pas dans les conditions de franchise et d'équité du parallèle qui nous occupe, de dissimuler qu'un pareil lustre de qualités brillantes, d'actions glorieuses et de renommée, n'a pas embelli les premières années du prince français que la révolution de 1830 fit roi. On savait seulement qu'il était fils d'un père trop fameux, et parent de la maison régnante. On connaissait assez généralement la singularité de son éducation et de ses études, dirigées par une femme, auteur de romans, de drames et de traités d'éducation (2). Après avoir par bonheur échappé à la contagion des mœurs paternelles,

(1) Une fille de Charles Ier fut mère du prince d'Orange, et lui-même épousa l'aînée des filles de Jacques II.

(2) Mme la comtesse de Genlis fit tout apprendre à son élève, jusqu'à l'art de saigner et de panser les plaies.

l'ambition d'atteindre aux mêmes succès démagogiques le trouva trop facile, et Louis-Philippe d'Orléans aussi, vint siéger au club des jacobins. Ayant pris parti sous les drapeaux de la république, les honneurs précoces du grade de général démentirent bien vite l'humble surnom que son père s'était donné, pour lui et sa postérité (1). Compagnon de la fuite hors de France du général Dumourier, il termina ainsi, à l'âge de vingt ans, sa carrière militaire, et ses

(1) Voici le texte authentique de l'acte portant substitution de nom :

15 septembre 1792.

« Le conseil-général de la commune de Paris,

« Sur la demande de Louis-Philippe-Joseph, prince « français,

« Arrête :

« Art. Ier. Louis-Philippe-Joseph et sa postérité, « porteront désormais pour nom de famille *Egalité.*

« Art. 2. Le jardin connu jusqu'à présent sous le « nom de *Palais-Royal*, s'appellera désormais *Jardin « de la Révolution.*

« Art. 3. Louis-Philippe-Joseph *Egalité* est auto- « risé à faire faire, soit sur les registres publics, soit « sur les actes notariés, mention du présent arrêté.

« Art. 4. Le présent arrêté sera imprimé et affiché. »

Aucune révocation formelle de cet acte n'est intervenue.

services de guerre furent renfermés dans l'espace de moins d'une année (1). Alors commença une vie errante; d'abord cachée parmi les pâtres des Alpes, et dans les classes d'un collége, sous l'emploi de pédagogue (2). Ensuite, des voyages d'Europe et d'Amérique n'offrirent aucune action digne d'être racontée.

Ces aperçus peuvent suffire pour juger les commencemens du principal personnage de chacune des révolutions de 1688 et de 1830, nous entrerons plus tard dans les voies qui les conduisirent au trône. Maintenant, nous achèverons de faire connaître, par les évènemens les

(1) La guerre fut déclarée le 20 avril 1792, et les hostilités commencèrent le 28 du même mois, près de Tournay. Le combat de Valmy eut lieu le 20 septembre 1792; la bataille de Jemmapes, le 6 novembre suivant; la fuite de Dumourier le 5 avril 1793. Cette dernière action est sévèrement qualifiée par Napoléon dans ses Mémoires, t. 3, p. 128, 2e édition.

Louis-Philippe est né le 6 octobre 1773.

(2) Louis-Philippe fut professeur de mathématiques, sous un nom supposé, au collége des Grisons, à Coire. (*Voyez* les *Mémoires de Genlis*, t. 4, p. 209. — *Mémoires de Montpensier*, p. 28.) Le prince était obligé de se cacher à cause des Français émigrés, et dans plusieurs Etats on refusait de lui donner asile.

plus marquans de leur règne, les rois dont ils ont pris la place.

Dès son avènement, Jacques, d'autant mieux informé des traités de son prédécesseur avec la France, qu'autrefois il avait été chargé de les négocier, se montra pressé d'en recueillir les fruits pour lui-même. Charles II avait à peine fermé les yeux que les ministres anglais sollicitaient de l'ambassadeur de France à Londres, le paiement des sommes promises au feu roi; mais presque dans le même moment, par suite de cet à propos dont Louis XIV connaissait le prix, et dont il savait toujours si bien profiter, arrivait la nouvelle que les désirs du roi d'Angleterre avaient été prévenus à Versailles : Louis envoyait cent mille livres (1). Nous ne saurions mieux représenter l'effet merveilleux de cette générosité inattendue, qu'en laissant parler un historien moderne dont les récits sont appuyés sur les dépêches de Barillon, alors ambassadeur de France en Angleterre : « Quoique cette

(1) Louis écrivait que « cette somme était destinée « à aider le roi dans les plus pressans besoins qu'il « pourrait avoir au commencement de son règne. »

« somme fût réellement due au feu roi, moins « trente mille livres, depuis le 1er avril de l'an- « née précédente, le sentiment de bienveillance « qui avait dirigé Louis produisit sur Jacques un « effet extraordinaire, que l'on éprouve je ne « sais qu'elle peine secrète à lire ou à retra- « cer, tant l'expression est peu digne d'un roi..... « Sa Majesté britannique avait les larmes aux « yeux, en parlant à l'ambassadeur. Vous avez « rendu la vie au roi, lui dit à l'oreille le mi- « nistre Sunderland (1). » Des fonds si ardemment désirés, furent dépensés bien vite, et l'année suivante, au moment de l'invasion de Monmouth (1685), les demandes de secours devinrent plus pressantes. « J'ai été élevé en France, « disait Jacques à l'ambassadeur Barillon : *j'ai « mangé le pain du roi de France, mon cœur est « tout français*, et votre maître ne peut douter « ni de mon attachement inviolable à sa per- « sonne, ni de mon dévouement à ses inté- « rêts (2). » Ainsi parlait un successeur de Richard-Cœur-de-Lion, au descendant de Philippe-Auguste !

(1) Mazure, t. 1, p. 397.
(2) *Idem*, t. 2, p. 35.

A l'exemple de leur maître, les ministres anglais prétendirent avoir part aux largesses de la France. Sunderland touchait par an soixante mille livres. L'ambassadeur de Jacques près des États-généraux, se vendit deux fois : d'abord au comte d'Avaux, moyennant deux mille livres de pension; et pour quatre mille livres à Barillon. Le plus rigide des républicains du temps, Algernon-Sidney, fut acheté moins cher : c'est de lui que Barillon écrivait : « Je lui ai donné « ce que Votre Majesté a permis; *il aurait bien voulu avoir davantage.* » Dans cet odieux trafic des consciences vénales, la lenteur méprisante avec laquelle Louis XIV effectuait les paiemens convenus, ne se laisse pas moins voir que l'avidité des demandeurs.

Le roi Jacques tendant la main aux aumônes d'un prince, ennemi naturel de l'Angleterre, se dissimulait sans doute l'indignité de sa conduite. Les répugnances, car il en éprouva certainement, cédèrent à la persuasion que l'argent de la France faciliterait le rétablissement de la religion catholique dans ses États. Il mettait en avant ce but méritoire, comme un motif pour encourager son allié à lui continuer ses libéralités. Mais cette considération n'était probablement pas nécessaire pour décider Louis XIV à seconder un projet qui devait ranimer, en Angleterre, l'activité des factions, des sectes, et rendre impossible, du moins pour long-temps, l'intervention libre de la puissance anglaise sur le continent.

En France, dans les premiers temps de la restauration, le bruit s'était répandu qu'à l'exemple de ce qui avait eu lieu sous les Stuarts, les Bourbons auraient bien pu consentir à payer, d'une gratitude trop effective, l'hospitalité reçue de l'étranger. Cependant on savait que les sentimens d'*éternelle reconnaissance* n'allaient guère au caractère de Louis XVIII, non plus qu'à sa pénétration naturelle, qui réduirait sans peine, à une juste valeur, des marques d'intérêt de la part de l'Angleterre, données jadis à sa cause; nullement pour elle-même, mais comme moyen accessoire de ralentir les progrès de la révolution, et ceux de Napoléon, dans leur commencement. Cette justice est due aux aînés des Bourbons, qu'ils furent toujours en garde contre la jalousie haineuse de l'Angleterre envers la France; et que sur le trône, guidés par une sorte d'instinct national et par l'exemple de leurs prédécesseurs, dont ils n'avaient aucun motif de s'écarter, ils surent éluder avec dignité les perfides avances de l'amitié britannique.

Quand on admettrait à ce sujet quelque supposition injurieuse pour Louis XVIII et nécessairement controuvée, comment imaginer en outre, que ce prince aurait songé à léguer, d'après l'exemple de Charles II, d'indignes engagemens à son successeur? L'un et l'autre avaient le cœur trop haut placé pour descendre aussi bas. L'argent les touchait peu, assurés qu'ils se croyaient de trouver dans la perpétuité de leurs rapports d'assistance légitime et mutuelle avec la nation, les moyens de pourvoir noblement aux dépenses de leur rang, et surtout à d'immenses libéralités. « Les Bourbons de la bran-« che aîné ne thésaurisaient jamais, a dit un « historien; ils donnaient tout ce qu'ils avaient, « s'endettaient même pour soutenir le renom « de *grand Aumôneur*, que possédait un de « leurs illustres aïeux (1). » De nos jours, ils

(1) *Hist. de la restauration*, attribuée à M. Capefigue, t. 4,

étaient revenus dans leur patrie, après un long bannissement, sans porter avec eux aucun reste de leur ancienne opulence. Au renouvellement de l'infortune, seize ans plus tard, personne ne vit charger des trésors sur les vaisseaux qui les ramenèrent en exil (1).

Sous leur gouvernement la France, que l'ambition de Napoléon avait à la fin tant compromise, recouvra son ancien rang de grande puissance indépendante des chances de guerre continuelle, et des écarts plus ou moins aventureux du génie. Quand les nations, épuisées par la guerre, entrèrent simultanément dans l'ère nouvelle du commerce et de l'industrie, la France

p. 229. Voici la fin du passage cité en partie : « .....Aussi « s'est-il trouvé qu'au jour de leur infortune, ils avaient « tout donné, et qu'ils ont été obligés d'emprunter à « leurs serviteurs. » La liste civile sagement administrée, n'était pas obérée de dettes, ce qui fut reconnu par la liquidation, faite à la suite des évènemens de 1830.

(1) Au moment de s'embarquer à Cherbourg, Charles X ayant reçu du gouvernement provisoire 600,000 francs, insista pour en donner quittance, avec un *bon* à toucher sur ses revenus personnels. (*Chronique de juillet* 1830, par Rozet, t. 2, p. 117.)

aussi avait dû poser les armes; mais elle sut les reprendre avant tout autre, en faveur de l'Espagne, déchirée par les factions, de la Grèce chrétienne, qu'elle fit ériger en royaume indépendant; et pour venger, par la plus glorieuse conquête, une lâche insulte reçue en Afrique.

Jacques, bien éloigné de diriger sa politique extérieure avec la même dignité, ne tarda pas à porter la peine de ses traités mercenaires. « L'Europe, nous dit un historien éminemment « judicieux, l'Europe, inquiète des projets de « Louis XIV, ne vit plus dans le roi d'Angle- « terre qu'un serviteur de la France. L'Europe « conspire, en quelque sorte, contre Jacques, « parce qu'elle conspirait, à Augsbourg, contre « Louis; elle abandonne la dictature de la con- « fédération à l'ambition du prince d'Orange; « et Guillaume devint, par elle et pour elle, roi « d'Angleterre, par la raison que Guillaume était « l'ennemi irréconciliable de Louis (1). » Voilà ce qu'il est essentiel de ne pas perdre de vue, pour comprendre les ressorts cachés de l'évè-

(1) Mazure, *Histoire de la révolution d'Angleterre*, t. 2, p. 52.

nement de **1688**, et l'appui que cette révolution trouva parmi les princes catholiques.

Ce n'est pas que dans l'intérieur de ses États, le roi Jacques ne fût environné de dangers suffisans pour amener sa ruine : depuis à peine trois mois qu'il régnait, déjà le comte d'Argyle levait, en Ecosse, l'étendard de la révolte; il prenait les armes, d'après son manifeste, en vertu de la *déclaration d'incapacité à la couronne*, prononcée contre le duc d'York, par le Bill d'exclusion. La révolte fut bientôt apaisée, sans détruire le principe dont elle s'était autorisée, et dont presque aussitôt Monmouth, fils prétendu de Charles II, s'empara. Le succès était réservé, trois ans plus tard, au prince d'Orange. Jacques, blâmé de n'avoir pas épargné la vie de Monmouth, eut pour excuse plausible le danger de la clémence envers un chef de révoltés, dans un temps aussi favorable à la rébellion (1).

(1) *Voyez*, à ce sujet, Lingard, t. 14, p. 61, 67, 74 et 77. Mais puisque Jacques n'était pas en mesure de pardonner, il aurait dû s'éviter une entrevue avec Monmouth, pour lui annoncer, en quelque sorte, la confirmation de son arrêt de mort.

Mais comment justifier les barbaries commises par le grand-juge Jeffreys? Sa mémoire est restée à jamais odieuse, par ses procédés inhumains envers les accusés, et par le nombre des arrêts de mort qu'il prononça. Accompagné d'assesseurs et de soldats, il parcourut les différens comtés, ordonnant partout de sanglantes exécutions, sans égard pour l'âge, pour le sexe, ni pour les circonstances. Impitoyable jusqu'à faire brûler vive une femme qui avait donné l'hospitalité par ignorance, peut-être, à des fuyards échappés de la défaite de Monmouth; et dans un autre procès tout semblable, faisant violence publiquement à la conscience des jurés, pour obtenir une condamnation pareille; à laquelle la clémence royale ne voulut apporter d'autre adoucissement que de faire trancher la tête à la malheureuse coupable (1).

Cependant, lorsque Jeffreys revint de ses excursions meurtrières, le roi crut ne pouvoir se dispenser de lui faire quelque plainte de sa rigueur; mais les reproches furent légers, se-

(1) Mazure, t. 2, p. 22 et 25.

lon toute apparence, puisque Jacques avoue, dans les mémoires de sa vie : « que le grand-« grand-juge ayant allégué le motif d'une jus-« tice nécessaire, dont le roi lui avait confié le « soin, *Sa Majesté ne sut comment réfuter cet* « *argument.* » A une telle apologie, dit un historien déjà cité, le cœur se glace, la plume s'arrête (1). Quand Jeffreys fut ensuite honoré du titre de baron, et de la dignité de lord-chancelier, on crut voir dans cette haute faveur une preuve évidente de l'inflexible sévérité ou de la cruauté du roi, que ses ennemis lui reprochaient (2).

La restauration des Bourbons n'attrista pas

(1) *Idem*, t. 2, p. 23.

(2) Jacques se reprocha, dans ses Mémoires, les faveurs accordées à Jeffreys. (T. 3, p. 64.) Lingard (t. 14, p. 92) révoque en doute ce qui a été assuré par d'autres, que, dans une même affaire, le juri rendit *deux verdicts* d'acquittement, et qu'un troisième, obtenu par Jeffreys, amena la condamnation. Jeffreys fit exécuter à mort, dans ses tournées, trois-cent trente personnes, et plus de huit-cents furent transportées dans les îles. (*Ibid.*, p. 94.) Les ennemis de Jacques accusaient le prince d'assister avec une froide curiosité aux tortures que le conseil d'Ecosse faisait infliger aux sectaires, puritains, etc. (Mazure, t. 2, p. 21.)

la France avec de semblables atrocités. Il fallut pourtant réprimer les complots et les rébellions, qui obligent souvent à de sanglantes représailles, l'autorité mal assise des gouvernemens établis depuis peu. Néanmoins les formes protectrices de la justice furent respectées, et jamais la clémence royale ne fit défaut, quand il lui fut possible d'intervenir, sans inconvénient, pour l'ordre public. L'institution des *Cours prévotales* différait peu des *Cours spéciales*, en activité tout le temps de l'Empire, et consacrées par nos Codes (1); mais avec cette différence notable que la Charte n'accordait aux cours prévotales qu'une existence temporaire, accidentelle, à laquelle Louis XVIII mit fin, par le seul fait de n'avoir pas demandé leur continuation aux Chambres, dont le consentement n'aurait pas été douteux; puisque durant une partie de la restauration, l'autorité royale n'eut guère de sollicitude plus laborieuse que de modérer le penchant des députés à voter des mesures de rigueur et d'exception (2).

(1) Code d'instruction criminelle, tit. VI, Code pénal.

(2) La loi du 20 décembre 1815, établissait les

Dès l'ouverture de son règne, le roi Jacques avait dû réunir le Parlement, devant lequel il se présentait portant la couronne, dans cette même enceinte où ses ennemis agitèrent tant de fois la question de l'exclure du trône. Un accueil favorable l'attendait, fondé principalement sur sa réputation de prince économe, qui n'avait pas contribué aux prodigalités du règne précédent (1).

Malheureusement, la bonne harmonie des deux pouvoirs ne tarda pas à être troublée par diverses prétentions fixées dans l'esprit opiniâtre du roi; à l'occasion d'abord d'une levée de quatorze mille hommes, effectuée au moment de la révolte de Monmouth, et dont le roi désirait faire une troupe permanente; sa volonté était aussi de placer dans les régimens des officiers catholiques, sans qu'ils eussent prêté les sermens du *Test,* et l'on savait le dessein formé de restreindre certaines garanties légales accor-

cours prévotales pour un temps fixé jusqu'après la session de 1817, et ne fut pas renouvelée.

(1) Par le vote du Parlement, les revenus de la couronne furent continués et même augmentés pour toute la vie du roi. (Lingard, t. 14, p. 33 et 97.)

dées depuis long-temps à la liberté individuelle (1).

Un seul de ces projets suffisait pour mécontenter beaucoup le Parlement; mais le roi avait espéré que, s'il ne pouvait obtenir une dérogation expresse au *Test*, on tolérerait du moins les dispenses revêtues du grand-sceau, dont il avait pourvu plusieurs officiers catholiques, afin de les exempter des sermens religieux. Dans cette vue, les jurisconsultes de la couronne posèrent de nouveau la thèse *que le droit de faire grâce*, qui appartenait au roi, impliquait, par analogie, *le droit de dispenser des lois* (2).

Le sophisme avait été vainement soutenu dès le règne précédent. La résistance paraissant augmenter, Jacques trouva convenable de proroger le Parlement, que depuis il n'osa plus réunir. Le prince ne se doutait pas que ses projets actuels, en les supposant exécutables, ne balan-

(1) Le roi souhaitait une dérogation à l'acte d'*habeas corpus*, qui lui aurait donné la faculté de retenir en prison les personnes suspectes. (*Voyez* Lingard, t. 14, p. 97 et suiv.)

(2) Jacques avait osé faire insérer dans les dispenses la clause : *nonobstant les actes quelconques du Parlement.* (Lingard, t. 14, p. 133.)

ceraient guère, par leurs faibles avantages, le grand danger du mécontentement public excité au plus haut degré. Importait-il, après tout, de compter quelques régimens de plus dans une armée peu considérable en elle-même, et dont l'esprit ne pouvait changer beaucoup, par l'adjonction de plusieurs officiers catholiques épars dans les rangs de soldats protestans? Mais Jacques était sans aucune donnée exacte sur ce qui pouvait faire réellement sa force ou sa faiblesse : il se tenait pour invincible, après avoir passé en revue ses troupes d'élite sur les bruyères des environs de Londres, et il se croyait vainqueur des préjugés et des répugnances de sa nation, parce que dans le camp, il avait réussi à faire célébrer la messe.

Des questions souvent agitées touchant cette époque de l'histoire trouveront ici leur place : on s'est demandé quels étaient précisément les projets de Jacques en faveur de la religion catholique? Voulait-il restituer immédiatement, à l'ancienne Église, l'autorité et la prééminence, qui lui avait appartenu comme religion de l'État? ou bornait-il ses efforts à délivrer une partie de ses sujets des vexations et des châtimens, que des lois tyranniques leur avaient imposées, dans l'intérêt spécial de la réforme protestante? Son projet, ainsi limité, n'aurait tendu qu'à doter l'Angleterre de la liberté de conscience et des cultes, telles que les siècles suivans l'ont connue et pratiquée. Un auteur anglais, historien éclairé, a pensé que Jacques n'avait pas d'autre vue (1); et c'est réellement à ce point final que nous le verrons arriver, mais seulement après que, plongé dans les plus sérieux embarras, il s'efforçait pour en sortir, d'écarter à tout prix des résistances formidables. On peut croire que, jusque là, Jacques, entraîné par une ardeur de prosélytisme irréfléchi, ne s'était prescrit aucune borne déterminée : il comptait marcher plus ou moins vite, selon les circonstances; sa politique n'eut peut-être pas d'autre secret.

Quant aux moyens à employer, nous pouvons les entrevoir d'une manière générale, d'après le plan tracé par le roi Jacques lui-même, dans une conversation avec l'ambassadeur de France Barillon. « Il semblait, au dire du Prince, que, « par une permission de Dieu, toutes les lois

(1) Lingard, t. 14, p. 15.

« faites pour établir la religion protestante, et « pour détruire la religion catholique, devaient « maintenant servir de base à ce que lui, roi, « projetait pour le rétablissement de la vraie re- « ligion; et visiblement ces lois le mettaient en « droit d'exercer un pouvoir plus grand que ce- « lui qui appartient aux rois catholiques, sur les « affaires de l'Église, dans leurs États (1). » Ainsi, Jacques ne faisait pas difficulté de tourner contre l'Église anglicane l'autorité qu'il avait consenti à exercer sur cette même Église, en promettant de la régir, garder et défendre, d'après les règles du *Droit de Suprématie*, attribué à la couronne. Cette conduite, tout en blessant les règles de la simple droiture, n'excluait peut-être pas de l'intention du prince une certaine bonne foi, qui se retranchait sur l'obligation de céder à un autre devoir d'un ordre bien supérieur.

Sans méconnaître la grande influence sur les résolutions du roi de sa conviction profonde en faveur de l'unité religieuse, il faut aussi faire la part de l'intérêt personnel, qui pour lors dut

(1) Mazure, t. 2, p. 129.

agir dans le même but : car il était difficile que le roi pût se croire solidement établi sur le trône, tant que sa religion serait prohibée par les lois, et tant que lui monarque serait atteint par l'incapacité légale, de remplir, non seulement la charge suprême de la royauté, mais encore le moindre emploi dans l'administration du pays.

Il s'ensuit que les dispenses dont le roi prétendait pourvoir les officiers catholiques, se rattachaient à la grande exemption personnelle dont lui-même s'était mis en jouissance, puisqu'il régnait, quoiqu'il fût catholique. On ne s'étonnera donc pas de voir Jacques si jaloux d'étendre les dispenses royales aux emplois de tout ordre. Par leur moyen évasif, le père Piter, jésuite, et quatre lords catholiques prirent séance dans le conseil privé, au grand scandale des protestans; et non sans causer de l'inquiétude aux catholiques prudens (1). De nombreuses dispenses portèrent aussi le trouble

(1) Lingard, t. 14, p. 146 et 150.

Le père Piter était frère du lord du même nom. Ses conseils furent préjudiciables à Jacques, qui finit par en convenir. (*Voyez* les *Mémoires du roi Jacques*, t. 3, p. 111.)

dans les Universités et les Colléges, dont le roi prétendait rendre les dignités et les grades accessibles aux catholiques. Un moine bénédictin, que l'université de Cambridge eut ordre de recevoir maître ès-arts, mit toute l'Angleterre en émotion. A Oxford, après une lutte de neuf mois, on installa de force, en qualité de président du collége de la Madeleine, un catholique, nouveau converti, et la même charge devint plus tard la récompense de l'un des quatre vicaires apostoliques.

La conduite du roi envers les universités eut encore un motif singulier que le prince n'a pas négligé de nous apprendre dans les Mémoires de sa vie. « Il voulait, disait-il, familiariser entre elles les personnes de différente religion, et augmenter leur union (1). » Rien assurément de plus désirable que cette union; mais difficile partout à établir, les obstacles ne se rencontraient nulle part en si grand nombre que dans les universités, où les haines ne pouvaient que devenir

(1) Cette pensée, plus d'une fois répétée dans les Mémoires de Jacques, est à remarquer comme explicative de sa conduite. (*Mémoires de Jacques*, t. 3, p. 170 et 183.)

tout-à-fait irréconciliables, par une association forcée qui mettait en contact perpétuel la passion de disputer, l'entêtement du faux-savoir, et la morgue doctorale.

Cette sorte de guerre suscitée par le roi n'avait pas seulement pour objet, du côté des universités, une question de prérogative et de privilége; il s'agissait aussi des revenus attachés aux bénéfices ecclésiastiques, dont le roi s'était permis de changer la destination, au point d'en investir des ministres protestans devenus récemment catholiques. Une dispense royale les autorisait à ne prêter aucun serment, et à s'abstenir de *suivre les offices de l'Église établie* (1). Ainsi, le clergé anglican, lésé dans ses biens, subissait de plus l'outrage de voir les déserteurs de sa foi récompensés avec ses propres dépouilles.

Toujours infatué du vain projet de *familiariser entre elles les personnes de différente religion*, le roi remit en vigueur la plupart des institutions catholiques renversées par la réforme; celles mêmes qui étaient le plus en

(1) Lingard, t. 14, p. 140.

aversion au peuple : les Récollets, les Carmes établissent des couvens dans la *Cité;* les Jésuites ouvrent une église et un collége à Londres; les religieux de Saint-Benoît prennent possession, au nombre de quatorze, de la chapelle de Saint-James; enfin, le roi en fit l'aveu plus tard, lorsqu'il repassa tristement les circonstances de son règne, dans la solitude de Saint-Germain : « On bâtissait plus d'églises « qu'il n'y avait de fidèles pour les remplir, « et de prêtres pour officier dignement (1). »

A toutes ces œuvres, il était conséquent de joindre des témoignages d'obédience envers le pape : une ambassade pompeuse se rendit à Rome, pour représenter la couronne d'Angleterre, et solliciter le chapeau de cardinal en faveur du père Piter, jésuite honoré de la pleine confiance du roi. En retour, un nonce apostolique vint à Saint-James, où il fut accueilli par le roi et la reine agenouillés devant toute la cour pour recevoir sa bénédiction (2). Mais les sentimens du saint Siége, dont le nonce était

(1) *Mémoires de Jacques*, t. 3, p. 117.

(2) Le duc de Sommerset perdit les emplois de premier lord de la trésorerie et de colonel d'un régiment

l'interprète, se trouvaient bien différens de ce qu'on les supposait en général. La surprise aurait été grande parmi ce peuple, qui brûlait chaque année l'effigie du pape, dans les carrefours de Londres, si ce même peuple avait pu savoir que le pontife ne cessait d'engager le roi à ménager l'esprit de ses sujets ; qu'il traitait froidement l'ambassadeur, et refusait de nommer cardinal le père Piter. Pour se soustraire à l'empressement dont il était l'objet de la part du roi, le nonce n'avait rien négligé ; d'accord, au reste, avec ses instructions, qui lui prescrivaient d'éviter toute approbation, même indirecte, de l'alliance actuelle de la Grande-Bretagne avec la France.

L'Angleterre demeurait stupéfaite de l'assurance avec laquelle Jacques remettait en place, de sa propre autorité, et toutes à la fois, des choses que la nation comptait avoir renversées et abolies pour toujours. La hardiesse de l'entreprise devenait plus significative, par une coïncidence remarquable d'époque avec la

des gardes, pour n'avoir pas voulu introduire le nonce à l'audience du roi. (Lingard, t. 14, p. 93.)

révocation de l'édit de Nantes (1685) : il semblait que le roi de France agissait de concert avec son allié, pour anéantir la religion protestante. Les fugitifs français, débarqués en Angleterre, attendrirent tous les cœurs par leur affliction, leur dénuement; ce n'était pas sans frayeur qu'on les entendait répéter cette prédiction sinistre, que les Anglais devaient s'attendre à tout avec un prince qui suivait la religion de leurs persécuteurs, qui se disait l'ami du roi auteur de leurs maux; et que bientôt les protestans anglais auraient le même sort que les réfugiés français (1).

Jacques ne savait quelle conduite tenir à l'égard des religionnaires français. En qualité de chef suprême de l'Église réformée d'Angleterre, il leur devait secours et protection; mais cette *Suprématie*, il la détestait comme la portion la plus odieuse de l'héritage schismatique de Henri VIII; il se voyait avec effroi intrus, mal-

(1) Les protestans consignèrent leur douleur dans un écrit du ministre Claude, intitulé : *Les plaintes des protestans*. Jacques fit brûler ce livre comme libelle, malgré les conseils de Louis XIV. (Lingard, t. 14, p. 142. -- *Voyez* aussi Mazure.)

gré lui, dans la charge pastorale dont l'hérésie avait dépouillé le saint Siége. D'une autre part, la situation des évêques et des ministres anglicans, envers le roi, n'était pas moins singulière : si leur chef naturel ne se croyait pas en droit de commander, eux n'étaient pas plus certains de la légitimité de leur obéissance envers lui, apostat de l'Église Évangélique. Cette situation, intolérable des deux côtés, semblait invoquer pour dénouement une crise violente.

Dans cette perplexité, Jacques suivit l'exemple de la reine Élisabeth, déléguant son *autorité spirituelle* à des commissaires, pour échapper au ridicule d'une femme érigée en souverain Pontife. D'après les mêmes erremens, une *Cour* ecclésiastique fut instituée. En apprenant que Jeffreys le chancelier en faisait partie, on dut prévoir que le bon plaisir du roi serait toute la jurisprudence de la cour. Aussi, l'évêque de Londres fut bientôt suspendu de ses fonctions, pour n'avoir pas interdit un prédicateur, suivant l'ordre du roi (1). L'audace d'un coup d'autorité dirigé contre le siége épisco-

(1) Lingard, t. 14, p. 136.

pal le plus marquant du royaume, frappait au cœur l'Église anglicane.

Dès ce moment, une résistance désespérée fut convenue. Les armes, on n'avait pas la crainte d'en manquer. Le roi les fournissait par l'imprudence continuelle de ses mesures. Cependant, la défection de plusieurs personnages, dont il se croyait assuré, commença à lui ouvrir les yeux. Alors revint dans sa pensée un généreux projet, dont il avait eu l'idée autrefois, et que peut-être, dans quelque rare moment de prévoyance et de réflexion, il avait mis en réserve, comme une ancre de salut en cas de naufrage : l'heure lui sembla venue de proclamer *la tolérance générale des cultes.* Il l'accorda d'abord en Écosse (1687), deux mois après, en Angleterre. Toutes les religions furent appelées à jouir d'une liberté commune : *Presbytériens, Trembleurs, Anabaptistes, Indépendans,* personne ne fut excepté de la loi d'affranchissement. Le roi s'attendait, en retour, à voir les sectes ralliées à sa cause, par leur propre intérêt, et il comptait, avec leur appui, forcer à la paix les *Conformistes.*

Mais ceux-ci, les fidèles par excellence de

l'Église dominante, ne voulaient, suivant la vieille inconséquence de la *Réforme* et l'habitude des partis politiques, de liberté que pour eux seuls. L'abolition des sermens du *Test*, mentionnée dans la déclaration royale, les révolta. Sans que cette suppression eût néanmoins obtenu l'agrément des sectes, hostiles aux catholiques encore plus qu'elles ne se haïssaient entre elles, et moins disposées à estimer la portion de liberté qui devait leur revenir, qu'à être jalouses de l'égalité de faveur donnée aux catholiques. Toutes s'accordèrent aussi à craindre que, délivré des lois pénales qui prohibaient le libre exercice de sa religion en Angleterre, Jacques ne fût en mesure de leur faire sentir plus rudement le malheur d'obéir à un roi *Papiste*.

L'amour subit de Jacques pour la tolérance ne parut qu'un masque emprunté dans l'intention de ruiner tous les cultes, par le moyen du catholicisme rendu à la liberté. Une conjuration se forma de toutes les sectes liguées avec l'Église dominante, afin d'entraîner dans l'abîme le malheureux roi; auquel il ne resta bientôt plus que le souvenir amer de ses illusions, à l'égard des hommes qu'il aurait dû mieux connaître (1). En prétendant accélérer, devancer le progrès lent et graduel du temps, Jacques s'était mépris de cent-quarante ans ; car il ne fallut pas attendre moins long-temps la réintégration des catholiques dans les droits de citoyen (2). Justes envers un roi que les Anglais ont chargé de tant de blâme, nous revendiquons, pour sa mémoire, le mérite d'avoir offert le premier à sa nation un bienfait qu'elle refusa faute d'en connaître le prix, et qui depuis fut compté parmi les avantages les plus précieux de la civilisation avancée.

L'habileté n'avait pas manqué au clergé anglican, pour transformer une question particulièrement religieuse en question politique. Ainsi, voulant motiver le refus de publier dans leurs églises, la déclaration de tolérance, les

(1) *Voyez* les *Mémoires de Jacques.*

(2) Ce fut en 1829 qu'eut lieu le *Bill d'Emancipation* des catholiques. Depuis cinquante ans (1778), cette mesure était préparée et poursuivie en Angleterre par des hommes d'Etat d'une capacité éminente. Après avoir échoué nombre de fois, à la Chambre des communes surtout, ils ne réussirent qu'avec beaucoup de peine.

évêques se renfermèrent dans cet argument : « *que la déclaration était fondée sur le pouvoir* « *de dispenser des lois, pouvoir tenu pour illé-* « *gal par le Parlement.* » Le grand nom de *Parlement*, si respecté de la nation, devint comme le rempart du clergé, dont la cause parut gagnée, quand on vit, dans le cours de la lutte engagée, le peuple tomber à genoux sur le passage de sept évêques que le roi faisait conduire en prison, celui de Cantorbéry en tête; et quand on aperçut les gardes, cédant à l'exemple, s'incliner pour recevoir la bénédiction de leurs prisonniers.

Aux symptômes alarmans de l'opinion populaire, ouvertement déclarée contre le roi, et soutenue par un clergé puissant, le prince opposait l'obstination de son caractère; et pour se roidir davantage contre tout penchant à revenir sur ses pas, il s'entretenait dans l'idée « de se « tenir par dessus tout en garde, ce sont ses « propres paroles, contre l'humeur conciliante « qui avait été funeste au roi son père, et avait « eu tant de danger pour son frère (1). »

(1) *Mémoires de Jacques*, t. 3, p. 229.

Nous verrons en France la même appréhension pousser à des mesures violentes Charles X, trop occupé, par moment, du souvenir de la faiblesse de son frère Louis XVI (1). Mais auparavant, Charles X est à considérer en présence aussi des intérêts religieux, moins compliqués et pressans qu'ils ne l'étaient en 1688, et toutefois bien éloignés d'avoir été sans importance pendant le règne du prince français.

Lui, du moins, était un roi irréprochable de sentiment et d'intention à l'égard de la religion de son pays, qu'il n'eût pas un instant hésité à soutenir, au péril de sa vie. Cet attachement si profond excitait la fureur des ennemis de cette religion, disciples presque tous de la philosophie du siècle dernier, qui leur avait légué, pour continuer de travailler au plus grand bonheur du genre humain, la tradition

(1) Notre infortuné Louis XVI avait jugé la conduite de Charles Ier d'une manière absolument opposée à ce qu'en pensait Jacques II. Il avait cru que Charles Ier aurait évité l'échafaud de Wite-Hall, s'il eût témoigné aux révoltés plus de mansuétude. Ainsi, des conséquences contraires tirées du même fait, furent également funestes à Jacques et à Louis XVI.

d'une haine implacable contre tout frein et devoir de religion.

Charles X ne pouvait se troubler d'une opposition qu'il croyait sa conscience engagée à ne pas trop craindre ; et, dès la première fois qu'il parut devant les Chambres, il montra ouvertement son active sollicitude pour tout ce qui tenait à la religion. Bientôt une loi pourvut à l'existence légale des Communautés de femmes vouées au service de l'enfance, des pauvres et des infirmes. La même loi, protectrice des familles, limitait la portion de biens dont chaque membre de ces Communautés pourrait à l'avenir disposer en faveur de son couvent (1).

Des soins que des préventions injustes pouvaient seules blâmer, furent accompagnés de la proposition de loi dite du *Sacrilège*, qui établissait une pénalité spéciale contre le vol dans

(1) La loi du 24 mai 1825 limita au quart la portion des biens dont les religieuses pouvaient disposer en faveur de leur couvent. Jusqu'alors les religieuses trouvaient moyen, par le silence de la législation à cet égard, de donner le plus souvent la totalité de leurs biens à leur communauté. Il ne fut pas question des communautés d'hommes.

les églises, crime que la législation en vigueur se bornait à assimiler à tout autre vol commis *dans un lieu inhabité* (1). La loi voulut faire cesser une assimilation qui pouvait passer pour inconvenante, et atteindre aussi la profanation des objets les plus augustes, particuliers à la sublimité du culte catholique. Mais en nos jours d'incrédulité et d'indifférence religieuse, l'énormité du crime de sacrilége n'était pas comprise. La loi projetée, terrible par les châtimens qu'elle infligeait, parut inhumaine, barbare, inexplicable (2).

Les contradicteurs du pouvoir, toujours nombreux dans les assemblées représentatives, se

(1) Les peines sévères portées au Code, pour le vol dans *les maisons habitées*, n'étaient pas considérées comme applicables aux églises, tenues pour *lieux inhabités*.

(2) Il était question de punir de mort la profanation commise *publiquement* des hosties consacrées et des vases qui les contenaient. L'exécution du coupable aurait été précédée de l'*amende honorable* devant la principale église du lieu ; peine abolie depuis la révolution de 1789. Quand le crime n'avait pas été commis *publiquement*, les travaux forcés à perpétuité étaient prononcés.

saisirent avec ardeur d'un sujet aussi fécond en développemens, et ils arrangèrent, au gré de leur imagination, les suppositions les plus alarmantes : les pronostics d'un orateur, à la tribune des pairs, n'allaient à rien moins qu'à prétendre que la loi conduirait à faire verser des torrens de sang (1). Un autre membre de la pairie associait à son blâme Dieu et l'universalité du genre humain, en qualifiant le projet *d'injure au ciel et à la terre* (2). Un député l'emporta sur tous, par l'effet de ses allégations habilement calculées pour blesser à la fois la religion et la royauté, l'une par l'autre. Avec l'obscurité de style particulière à sa tournure d'esprit, cet orateur posa en thèse que, du moment où la loi se prononce en faveur de la vérité religieuse, « la vérité à son « tour s'empare de la loi.....; c'est-à-dire qu'elle « fait tout. Non seulement son royaume est dans « ce monde, mais ce monde est son royaume ;

(1) Discours de M. le comte Portalis à la Chambre des pairs, séance du 17 avril 1824.

(2) Le comte Molé à la Chambre des pairs, séance du 12 avril 1825.

« le sceptre a passé dans ses mains, *et le Prê-« tre est Roi* (1). »

Il en était assez de ces trois derniers mots, pour soulever à la hauteur des flots de la mer irritée, dans ses jours de fureur, l'indignation des Français, incapables qu'ils étaient, à cause des préjugés du moment, de réduire à sa juste valeur l'appréhension fantastique de la royauté des prêtres. Le député qui semait de si funestes alarmes, avait pourtant servi autrefois la légitimité exilée, et son attachement à nos princes n'était point douteux; pas plus que celui du gentilhomme vétéran de Coblentz qui inventa, vers le même temps, la qualification de *Parti-Prêtre*, et dont la plume livra aux outrages de la *jeune France* les affections auxquelles, durant la plus grande partie de sa longue carrière, il

(1) Discours de M. Royer-Collard, séance du 12 avril 1825. Voici ses paroles : « Après que la loi a *tenu « la vérité pour vraie*, la vérité à son tour s'empare de « la loi; elle fait les constitutions, elle fait les insti-« tutions politiques et civiles, c'est-à-dire, messieurs, « qu'elle fait tout. Non seulement son royaume est de « ce monde, mais ce monde est son royaume; le scep-« tre a passé dans ses mains, et le prêtre est roi. »

s'était abandonné avec un dévouement d'ancien chevalier (1). Mais alors se préparait déjà l'accomplissement fatal des destinées de la restauration, qui ne devait périr qu'après avoir reçu de la main de ses amis des blessures plus dangereuses que les coups de ses ennemis.

Le clergé français, riche de vertus et pauvre de biens, ne méritait pas l'extrême défiance que pour lors il inspira; mais ses ennemis voulaient lui ravir jusqu'aux derniers vestiges de son ancienne considération, dont l'illustre souvenir n'était pas encore partout également effacé. Il fallut que le clergé tout entier subît le reproche, applicable au plus à quelques individus, d'être lié d'intérêt et d'affection étroite avec la fraction du parti royaliste, de jour en jour moins nombreuse, dont le dévouement à la Charte paraissait équivoque. L'accusation servit de prétexte à un débordement d'injures,

(1) Voici les titres des deux écrits de M. le comte de Montlosier, qui causèrent un effet prodigieux : *Mémoire à consulter sur un système religieux tendant à renverser la religion et le trône* — *Dénonciation aux Cours royales, relative au système politique et religieux*, etc. Un abrégé, fait à l'usage du peuple, se vendait cinq sous.

d'insinuations perfides, de rapports calomnieux; œuvre infâme de la malveillance la plus tenace, acharnée à décréditer, ruiner, perdre une des classes les plus honorables de la société. Arrivait-il que, dans un village écarté, une parole peu mesurée, une faute soit échappée à quelque desservant obscur, aussitôt les trompettes de la renommée publiaient l'heureuse nouvelle comme une victoire remportée sur l'ennemi. Des journaux spéculèrent sans pudeur sur la diffamation quotidienne du clergé, et le profit passa leur attente. On pouvait reconnaître avec inquiétude que, dans une partie éclairée de la nation, si le vieux levain d'animosité parlementaire contre le clergé fermentait de rechef, dans l'autre, la haine féroce de 1793, contre les prêtres, tendait à se rallumer.

Les griefs surannés de l'ancien temps furent habilement rajeunis pour être appliqués à la position toute différente du clergé actuel; qui fut même déclaré encore plus coupable, à cause d'un nouveau sujet de plainte, le rétablissement des jésuites, imputé, avec non moins d'amertume, à la volonté personnelle du roi.

Il y avait soixante ans que cet ordre religieux était supprimé en France, par un édit enregistré au Parlement. Le pape Clément XIV l'avait ensuite aboli, non pas comme coupable des crimes qu'on lui reprochait, mais par le motif « qu'il « était presque ou tout-à-fait impossible que « cette société continuant d'exister, une paix « véritable et solide soit rendue à l'Eglise (1). »

Ces paroles, textuellement empruntées au Bref de suppression, avaient résolu d'avance une question qui embarrassa les hommes d'État de la restauration. Que n'apercevaient-ils, hélas ! cette

(1) Le bref du 21 juillet 1773 s'exprime ainsi : « *Imo fieri aut vix aut nullo modo posse, ut, ea incolume ma-« nente, vera pax ac diuturna ecclesiæ restituatur; his prop-« terea gravissimis adducti causis.....* » La pensée de rendre la paix à l'Eglise domine dans toute l'étendue du bref.

Un nouveau jour s'est répandu depuis peu sur les causes de la suppression des jésuites. L'*Histoire du pape Léon XII*, par M. Artaud, publiée en 1843, 2 vol. in-8°, contient, t. 2, p. 248, une longue lettre inédite du duc de Choiseul, ministre, écrite de sa main, au cardinal de Bernis, alors ambassadeur de France à Rome. On voit par cette lettre, datée de Compiègne, le 26 août 1769, que le ministre fut loin d'avoir été, comme on l'a cru assez généralement, le promoteur et l'auteur de la destruction des jésuites ; il se dit *forcé*, c'est le mot

même impossibilité encore présente sous leurs yeux, et, à certains égards, plus saillante peut-être qu'à l'époque où le fait en avait été constaté, suivant la rectitude et supériorité de jugement inhérentes au Pontificat romain. Impossibilité relative sur laquelle le saint Siége n'avait pas changé de sentiment d'une manière aussi absolue qu'on parut le croire après la Bulle qui avait rétabli, de nos jours, l'ordre des jésuites; car cette dernière mesure révocatoire, en général, était nécessairement abandonnée, quant à l'époque de son exécution dans chaque

dont il se sert, *forcé* par la complaisance que le roi doit à son cousin, le roi d'Espagne; une part aussi est faite, mais moindre, à l'intervention puissante du Portugal. Plusieurs passages de la lettre expriment des dispositions si éloignées d'être hostiles aux jésuites, que M. Artaud n'hésite pas à conclure « que si le duc « de Choiseul n'eût pas été disgrâcié, l'extinction des « jésuites n'aurait peut-être pas eu lieu. » (Page 354.) Il observe que ce fut quatre ans plus tard, sous un autre ministère, que cette extinction fut consommée. Le même auteur rend justice à un ministre qu'il traite d'*homme d'esprit, de grand politique, qui, en définitive, ne voulait que la gloire de la France.* On nous pardonnera une digression qui réfute une erreur historique trop accréditée.

pays, à la prudence des souverains. Les uns, comme en Espagne et en Sardaigne, s'empressèrent de l'adopter; tandis que l'Autriche, toujours circonspecte, temporisa (1).

Il n'appartenait qu'à l'ignorance des faits accomplis depuis vingt-cinq ans, et de l'esprit dominant après la restauration, de prétendre que l'introduction en France, du temps de Napoléon, de quelques jésuites, avait dû conférer de nouveau à leur ordre une sorte de naturalisation. Ces religieux s'étaient vus, il est vrai, un instant tolérés sous le nom de *Pères de la Foi;* mais rien ne leur avait répondu pour l'avenir de la même indulgence, au devant de la-

(1) Dès 1801 et 1804, le pape Pie VII avait autorisé la réunion des jésuites en communauté, pour la Russie et le royaume de Naples. (Picot, *Mémoires pour servir à l'histoire ecclésiastique du dix-huitième siècle,* t. 3, p. 626.) Le 7 août 1814, le même pontife rétablit par une bulle la Compagnie de Jésus, dans tous les lieux de la chrétienté où elle parviendrait à former des établissemens. On discuta longuement en 1822, dans le conseil de l'empereur d'Autriche, la question de conférer aux jésuites la direction du collége Thérésien à Vienne; on leur préféra les Piaristes, ou Pères des écoles pies. (Voyez *l'Ami de la religion,* t. 32, p. 390.)

quelle ils avaient d'ailleurs fait alors un grand pas, en consentant à se cacher sous un titre emprunté. Leur nom de moins, c'était beaucoup (1).

Ces considérations ne paraissent pas avoir frappé les yeux lorsqu'on s'occupa, avec tant d'activité, de remettre en vigueur les institutions anciennes les plus utiles à la religion et aux mœurs. L'entreprise de réédifier des ruines vénérables, en si grand nombre, passait les forces des Bourbons, rétablis eux-mêmes depuis si peu de temps. Les difficultés de l'exécution n'étant point aperçues, on se flatta entre autres, de restituer facilement à l'ordre des jésuites sa splendeur passée. On crut voir bientôt paraître une suite d'orateurs évangéliques puissans par les œuvres et la parole; hommes de piété autant que d'érudition; esprits ingénieux et solides, capables de réconcilier un jour la science moderne toute progressive, avec l'orthodoxie immuable des doctrines catholiques; instituteurs désintéressés de la jeunesse, qui n'attendraient pas d'autre récompense que la

(1) C'est en 1801 que les jésuites étaient revenus en France sous le nom de *Pères de la Foi*.

pure satisfaction de servir Dieu et le prochain.

De telles espérances provoquèrent de toutes parts la sainte profusion de largesses, qui n'a jamais manqué de présider à la naissance des fondations catholiques. Dans peu de temps les vastes bâtimens des colléges, construits à la hâte, devinrent trop étroits pour contenir les élèves présentés (1). La joie d'un succès incontestable rendait heureuses les familles chrétiennes, et portait au comble l'irritation des adversaires des jésuites. Les plus modérés entre leurs détracteurs se bornaient à voir en eux de faux dévots, opposans perpétuels aux libertés du royaume et de l'Église gallicane; tandis que la haine ardente, infatigable, travaillait sans relâche à établir, parmi le peuple ignorant et crédule, l'opinion absurde que tout jésuite était un scélérat, capable de commettre les crimes les plus noirs (2).

(1) Au collége de Saint-Acheul, près d'Amiens, on comptait, en 1828, jusqu'à huit cents pensionnaires.

(2) Dans le procès criminel à cause de l'assassinat de Paul-Louis Courrier, écrivain pamphletaire de cette époque, sa veuve fit, à l'audience de la Cour d'assises d'Indre-et-Loire, la déclaration que, *parta-*

Au milieu de tant d'ennemis, les jésuites et leurs partisans demeuraient calmes, inébranlables. Ils avaient mis leur confiance bien haut! et ne craignaient pas non plus que l'appui ostensible, ou du moins secret du gouvernement de la restauration dût leur manquer. Bien loin de penser qu'en faisant reparaître partout la devise si fameuse : *Ad majorem Dei gloriam*, ils relevaient en France une bannière qui serait le signal de nouveaux périls pour la religion et l'État! sans songer à ce qui s'était passé en 1688, où les imputations banales contre les jésuites furent sérieusement alléguées, parmi les causes déterminantes d'une révolution, dans un grand royaume (1).

geant l'opinion de la Bourse de Paris, elle pensait que son mari avait été assassiné à l'instigation des jésuites. L'avocat de l'accusé demanda gravement acte de cette déclaration, ce qui lui fut accordé. (*Voyez* l'*Annuaire historique de* 1825, chronique de septembre.)

(1) Quand, le 8 février 1688, les communes décidèrent, comme on le verra plus loin, que le trône d'Angleterre était vacant, leur décision fut motivée, entre autres raisons, sur ce que *le roi avait, par l'avis des jésuites et autres méchantes gens, violé les lois fondamentales,* etc. (*Voyez* Mazure, t. 3, p. 321.)

A peu près les mêmes antagonistes, malgré la grande différence des temps, étaient en face des jésuites, comme aux époques orageuses de leur existence passée. C'était, d'une part, l'Université fondée par Napoléon, avec des élémens si disparates, qui crut acquérir la majesté et la prépondérance de la vieillesse, en se portant héritière des factums et des plaidoyers dirigés, au seizième siècle, contre les jésuites, par *la fille aînée de Charlemagne*. C'était aussi la magistrature, telle que la révolution l'avait constituée, réduite de compétence, de ressort et de poids, quant à la position sociale de ses membres; et dans ce temps disposée à regretter la solennité imposante des grandes audiences du Parlement, devant lequel assignation fut donnée à la *Société de Jésus* (1). Une cour royale qui, d'après l'importance de la ville où elle siégeait, pouvait se montrer plus accessible à l'ambition de faire revivre à son avantage les souve-

(1) Les plaidoyers d'Etienne Pasquier, dans le grand procès intenté en 1564 par l'Université, sont remarquables par l'expression de la haine la plus violente contre les jésuites; ils renferment toutes les imputations si souvent répétées depuis.

nirs historiques, la Cour de Paris, essaya d'intervenir, par une voie détournée, dans l'importante question du moment. Ayant à punir des journalistes convaincus d'avoir outragé la religion et l'autorité, les coupables furent affranchis de toute condamnation par un arrêt qui mentionnait, comme circonstances atténuantes décisives en leur faveur : « L'introduction, en France, de corporations religieuses défendues par les lois, ainsi que des « doctrines ultramontaines hautement professées, depuis quelque temps, par une partie « du clergé français.... ; » de manière que le clergé, le gouvernement et les jésuites frappés d'un seul et même coup, subirent ensemble la peine du *Blâme par arrêt* (1).

(1) Le procès des journaux *le Constitutionnel* et le *Courrier français*, en 1825, donna lieu à cet arrêt de la Cour royale de Paris, qui fut un incident singulier. L'acquittement des journalistes fut ainsi motivé : « *sur « des circonstances atténuantes résultant principalement de « l'introduction en France de corporations religieuses défendues par les lois, ainsi que des doctrines ultramontaines « hautement professées depuis quelque temps par une partie « du clergé français, dont la propagation pourrait mettre « en péril les libertés civiles et religieuses de la France.....* »

L'esprit de faction qui se manifeste par la voie du greffe, comme du temps de la Fronde, n'est pas le plus dangereux. Ce qui l'était surtout, c'était la malignité des inventions mises en jeu pour fausser l'opinion publique, au détriment de la religion et de l'autorité. Ainsi naquit la fable d'une confrérie de charité et de prières, changée en une sorte de puissance des ténèbres; présente partout, veillant dans l'intérieur des familles, afin d'y surprendre les secrets de la vie privée, attachée aux pas du roi, des grands et des ministres, pour usurper la direction des affaires; appliquée sans relâche à écarter certaines personnes et à faire obtenir à d'autres les emplois, les honneurs et les grâces, à commencer des rangs inférieurs jusqu'aux plus élevés. Tel fut, dans son ensemble imaginaire, l'être fictif personnifié sous le nom de *Congrégation;* terme que l'on avait détourné, bien loin assurément de son acception ordinaire.

A la vérité, l'abus étant toujours proche du bien, il se pouvait qu'une association de charité et de piété servît accidentellement de recommandation et de moyen à la cupidité, à l'ambition. Une fois remarquée et connue de l'hypocrisie, la voie étroite que l'on supposera mener à la fortune sera nécessairement suivie et parcourue avec ardeur et succès. Mais la Congrégation ne fut pas cet hydre aux cent têtes, ce colosse formidable, dont le peuple s'était laissé effrayer; comme de ces fantômes nocturnes devant lesquels il tremble toujours, sans jamais les apercevoir (1).

L'injustice, le mensonge et la mauvaise foi, n'eurent pas moins de part à tout ce qui se publia contre les *Missions et les Missionnaires*. On vit les zélateurs du *libéralisme* interdire la prédication dans les églises, et plus d'une fois appuyer leurs défenses par la force brutale des émeutes. Leur intention était surtout d'empêcher que le peuple des villes et des campagnes, en témoignage de la foi apportée, ou

(1) Pour tout dire, après la mort de M. Delpuis, ancien jésuite, et de M. Legris-Duval, ecclésiastiques recommandables qui avaient dirigé successivement la Congrégation à Paris, l'association fut soumise plus directement à l'influence des laïcs; et plusieurs de ceux-ci n'étaient pas libres de toute préoccupation politique.

réveillée par les missionnaires, ne voulût inaugurer de nouveau la croix avec laquelle lui était jadis venue, entre autres biens, la liberté (1).

Durant ces années d'effervescence, qui préludèrent à d'autres si brûlantes, les mots *Jésuite*, *Congrégation*, *Mission* étaient dans toutes les bouches; et ces mots désignaient, aux observateurs attentifs et réfléchis, autant d'écueils contre lesquels la restauration venait heurter de front. La prudence n'était pas dans l'habitude de tous les amis de la religion et du trône! Ils goûtaient peu le sage conseil de diminuer l'apparat de certains accessoires religieux et monarchiques.

Pour préciser sous ce rapport l'état des choses, deux systèmes étaient en concurrence ouverte et rivalité haineuse : l'un consistait à renfermer dans l'intérieur des temples tout signe de religion, à dégager le trésor public d'une participation onéreuse dans les dépenses du culte, et à rabaisser, autant que possible, le rang et l'existence du clergé. Le système con-

(1) Une ordonnance royale du 25 septembre 1816 avait autorisé la *Société des Prêtres des Missions de France*, pour suppléer, au besoin, à l'insuffisance du clergé diocésain.

traire tendait à relever la pompe extérieure de la religion et l'état de ses ministres, en prenant, jusqu'à un certain point, pour modèle l'antique munificence de nos pères envers l'Église.

Ce dernier vœu répondait à l'inclination naturelle du roi, fortifiée par les leçons de sa première jeunesse; car ce n'était pas une des moindres règles de l'éducation des Bourbons, que de leur inculquer l'obligation de faire servir la puissance et l'élévation du rang à défendre et soutenir la religion. La charge de protecteur des autels, si convenable au *roi très-chrétien*, ne pouvait manquer d'être acceptée avec joie par Charles X. Peut-être même avec la trop grande présomption de se rendre nécessaire à cette Eglise que les princes ne devraient pas s'imaginer être en danger de tomber, « s'ils ne « la portaient pas dans leurs mains. S'ils ces- « saient de la soutenir, dit Fénélon, le Tout- « Puissant la porterait lui-même suspendue en- « tre le ciel et la terre; elle n'a besoin que de « cette main invisible et toute-puissante (1). »

(1) Discours pour le sacre de l'électeur de Cologne, en 1707.

Sous un autre point de vue, Charles X était encore poussé à suivre son penchant par l'approbation et les instances de personnes graves, qui avaient érigé en axiome et maxime d'État, que le seul moyen d'imprimer à la restauration un grand caractère de durée, serait de la mettre sous la sauve-garde de la religion. Ils ne voyaient pas que le clergé, luttant avec peine pour défendre sa propre existence, le clergé discrédité, compromettait les Bourbons; lesquels, à leur tour, compromettaient le clergé, en paraissant le détourner de sa haute mission, pour en faire un instrument de leur règne.

Prenons garde d'oublier, trop long-temps, l'autre face de la question qui nous occupe; il est temps de revenir à l'Angleterre.

Elles demeuraient interdites à Jacques, les douces pensées de reconnaissance et de tendresse, envers la religion du pays natal, à laquelle notre entrée dans la vie doit la première bénédiction, après celle de l'amour maternel. Le souvenir pressant d'une tache d'origine à effacer, auquel Jacques avait satisfait en ce qui lui était personnel, fit place à la préoccupation non moins active de soustraire son royaume à l'hérésie; dessein qui ne devait pas rencontrer moins d'obstacles parmi la nation que dans la famille royale, où l'on se croyait fondé à soupçonner que l'obstination du roi ne reculerait pas même devant la pensée d'intervertir l'ordre de la succession du trône. S'il faut en croire certains documens, Jacques aurait songé à substituer à sa fille aînée, princesse d'Orange, la cadette Anne, princesse de Danemarck, qu'il espérait convertir à la foi catholique. Projet étrange, opposé, dit avec raison un historien, à la droiture naturelle, à l'esprit de religion, et de plus, malhabile et dangereux. Jacques, méditant l'exhédération de sa fille aînée, provoquait les ressentimens d'un gendre puissant; maître de la Hollande, l'âme du parti protestant, le chef reconnu de la ligue des souverains armés contre l'alliance de l'Angleterre avec la France (1).

(1) *Voyez* Mazure, t. 2, p. 158. Ce plan est indiqué dans une lettre confidentielle de l'ambassadeur de France, demeurée long-temps inconnue. (Mazure, t. 1, p. 416.) Lingard révoque en doute que le roi eût l'intention de déshériter sa fille. Il attribue ce projet à l'imagination de l'ambassadeur de France. (Lingard, t. 14, p. 209.) Quoi qu'il en soit, on prêtait assez gé-

Dans cette conjoncture, Guillaume et Jacques s'observaient comme des ennemis qu'un dernier moment d'hésitation tient en suspens, avant de frapper. Ils attendaient le signal du combat en se prodiguant mutuellement des témoignages d'égard ou de respect. A la vérité, Guillaume n'était pas exempt de torts anciens envers le roi : uni avec le Parlement, avec Monmouth, on ne l'avait pas vu rester neutre, quand on discuta la question d'exclure le duc d'York de la couronne. Depuis, il avait néanmoins tenté une réconciliation que les plus modérés, entre les catholiques, pressèrent inutilement le roi d'accepter (1). Le blâme que mérite l'action dénaturée de Guillaume, détrônant à main armée le roi, qui était à la fois son oncle et son beau-père, ne dispense pas d'être équitable envers les personnes : on ne doit pas perdre de vue que le gendre était en danger d'être déshérité, contre toute justice, et que depuis long-temps il existait entre les deux princes un échange de

néralement à Jacques ce dessein qui devait inquiéter beaucoup le prince d'Orange.

(1) Jacques aurait voulu que le prince consentît à l'abolition du *Test*, ce qu'il refusa.

procédés difficiles à pardonner, grossis, comme il arrive souvent, par la malveillance intéressée d'un tiers, dont nous n'avons pas cette fois à chercher bien loin le grand nom : Louis XIV, dans l'appréhension que l'Angleterre et la Hollande ne réunissent contre lui toutes leurs forces, écrivait à son ambassadeur à La Haye : « Vous « ne devez vous donner aucun mouvement pour « apaiser les brouilleries du prince d'Orange « et du roi d'Angleterre (1). » D'un autre côté, nombre d'Anglais retirés en Hollande, ennemis personnels de Jacques, et Burnet en particulier, ne négligeaient rien pour aigrir le prince d'Orange; dont la situation à l'égard de Jacques eut encore cela de particulier, que lui, prince d'Orange, était Hollandais de naissance, investi de la magistrature suprême de son pays, et par conséquent dispensé, à ces deux titres, de se considérer comme sujet de la Grande-Bretagne et du roi Jacques.

Le prince qui, en 1830, parvint à la couronne à la suite d'un émeute triomphante, se présente sous un autre aspect, tant à l'égard

(1) *Voyez* Mazure.

de la France que du roi détrôné : il n'était affranchi, par sa naissance, d'aucun devoir de sujet; l'investiture de plusieurs charges et honneurs considérables le rendait *féal* du roi, c'est-à-dire, suivant l'acception de ce vieux mot, tenu à fidélité par la foi des sermens. En 1814 on l'avait aperçu en France, pour la première fois, depuis longues années, parmi les émigrés marquans que Louis XVIII ramenait à sa suite. Alors, pouvait-on penser, le duc d'Orléans était bien plus content d'avoir été déclaré traître à la république, lorsqu'il sortit de France, que d'en avoir auparavant bien mérité. A part cette réflexion, l'indifférence du public le mettait en dehors de la restauration; évènementinattendu, dont il était difficile de comprendre à quel titre il pourrait se prévaloir. Cependant, pour ceux qui gardaient mémoire du passé, une curiosité inquiète s'attachait au dernier représentant du parti Orléaniste; de cette faction si habile, depuis 1789, à se cacher, comme à se montrer à propos, et toujours prête à faire tourner à son profit la faiblesse du roi et les combats du peuple pour la liberté.

Louis XVIII avait jugé, selon toute apparence,

qu'il serait utile à sa politique de témoigner ostensiblement une bonté extrême envers le duc d'Orléans, comme le plus grand exemple qu'on pût donner à chacun, de la mesure d'indulgence qu'il promettait aux égaremens révolutionnaires; mais le fondateur de la Charte oublia, dans cette occasion, les limites que lui-même avait imposées à son autorité : il se crut permis de faire revivre, par une simple ordonnance contresignée d'un ministre, l'immense apanage en biens fonds que la munificence de Louis XIV avait assigné à la branche d'Orléans, et qu'une des premières lois de l'assemblée nationale avait aboli (1). La restitution, immédiatement exécutée, demeura néanmoins caduque sous le rapport légal, pendant dix ans, jusqu'à l'avènement de Charles X. Alors, à la

(1) Un décret de l'Assemblée nationale, du 13 août 1790, avait supprimé les apanages. L'illégalité de l'ordonnance de Louis XVIII, qui rétablit celui de la famille d'Orléans, n'était pas douteuse. La question fut même introduite devant les tribunaux, notamment à Montargis, à l'occasion de délits forestiers constatés dans les forêts dépendantes de l'apanage. L'administration du duc d'Orléans assoupit ces affaires.

grande surprise de chacun, une telle générosité paraissant inexplicable, le roi fit comprendre l'apanage d'Orléans dans le projet de loi destiné à fixer sa propre liste civile à l'ouverture de son règne. Et afin d'enlever le vote incertain de la Chambre, il sollicita personnellement plusieurs députés, qui voyaient des motifs graves pour refuser l'adjonction inconvenante de deux intérêts aussi différens; et l'abandon, de la part de l'Etat, de richesses qui pouvaient encore une fois soudoyer des révolutions.

L'expression vive d'une reconnaissance méritée, et les soins empressés de la famille d'Orléans, gagnèrent de plus en plus l'affection des princes de la branche régnante, dont les entours continuèrent néanmoins à être habilement circonvenus; jusque dans les moindres officiers du palais, qui demeuraient souvent interdits, confondus, en se voyant l'objet de la politesse obséquieuse du premier prince du sang (1). Des séductions à peu près semblables étaient ménagées au parti libéral, aux écrivains sur-

(1) *Voyez* l'*Histoire de la restauration*, attribuée à M. Capefigue, t. 4, p. 250.

tout, que des publications hostiles au gouvernement avaient fait tomber dans quelque disgrâce. Des consolations les attendaient dans les salons resplendissans du Palais-Royal, où leurs espérances se réfugiaient avec orgueil dans le sein de l'avenir. Sans qu'il soit néanmoins prouvé que les sourdes pratiques d'une ambition craintive aient été outrepassées par quelque manifestation précise. La nature n'a pas formé tous les hommes, les princes moins que d'autres, pour le rôle de conspirateur.

On ne découvre rien non plus qui montre que le prince d'Orange ait formé, long-temps à l'avance, le projet de détrôner le roi Jacques. Les documens diplomatiques consultés soigneusement, sont muets à ce sujet (1). On peut croire que jusqu'à l'année 1688, Guillaume était résigné à attendre que la princesse, sa femme, fût appelée à recueillir l'héritage de son père, alors sans enfant mâle.

C'était là une proximité du trône à peu près sans intermédiaire. Le duc d'Orléans n'arriva

(1) *Voyez* Mazure, *Histoire de la révolution de* 1688, t. 2, p. 183.

pas au même degré, si ce n'est peut-être durant le court espace de temps qui s'écoula entre la mort du duc de Berri et la naissance d'un héritier posthume.

En France, comme en Angleterre, ces positions respectives vinrent à changer, par deux évènemens analogues.

La duchesse de Berri accoucha d'un fils, proclamé solennellement l'*Enfant de l'Europe*, parce que sa naissance devant, selon toute apparence, rattacher indéfiniment les Français à l'ordre héréditaire de succession monarchique, semblait un gage de paix et de tranquillité pour les autres nations. Louis XVIII voulut que l'évènement fût constaté avec un soin tel que jamais aucun fait de même nature n'a réuni un plus grand nombre de témoignages irrécusables (1).

(1) Le corps diplomatique s'exprimait ainsi dans son discours de félicitation à Louis XVIII, le nonce du pape portant la parole : « L'enfant de douleurs, « de souvenirs et de regrets, est aussi l'*Enfant de l'Eu-* « *rope ;* il est le présage et le garant de la paix et du « repos qui doivent suivre tant d'agitation. » Le *Morning-Chronicle* imprima une prétendue protestation du duc d'Orléans, qui se hâta de la désavouer devant

En 1688, la reine d'Angleterre avait donné aussi, contre toute attente, le jour à un fils dont la naissance ne fut pas établie avec la même authenticité de formes que celle du duc de Bordeaux; omission grandement imprudente, car cette survenance de postérité masculine anéantissait, quant à présent, les droits des deux filles de Jacques; et, fait encore plus grave, transportait la couronne hors de la ligne protestante, pour la fixer sur la tête d'un enfant catholique.

Le prince d'Orange voyant l'avenir lui échapper, prit le parti de mettre en doute l'évènement qui renversait ses espérances; et le docteur Burnet, depuis évêque de Salisbury, ne rougit pas de prêter sa plume au roman d'une supposition d'enfant. En même temps le prince, qui s'était toujours ménagé des intelligences avec les lords, se fit envoyer, en Hollande, une requête concertée avec eux, par laquelle ils le suppliaient, en sa qualité d'héritier de la couronne, de venir *redresser les griefs de la na-*

Louis XVIII. On reproduisit, en 1830, cette pièce, qui ne fit, même à ce moment, aucune sensation.

tion, et vérifier le fait de la naissance du prince de Galles (1).

Pressés que nous sommes d'arriver au terme de l'expédition de Guillaume en Angleterre, nous ne ferons pas ressortir la dextérité avec laquelle il sut entraîner les États-généraux dans une guerre dont son intérêt particulier était le principal mobile ; nous ne peindrons pas la surprise des ambassadeurs résidant à La Haye, lorsqu'ils aperçurent d'aussi grands préparatifs de guerre, sans cause apparente. Nous ne rappellerons pas non plus toutes les explications mensongères que leur fit transmettre Guillaume. Il suffira de citer ce raisonnement captieux : « Après tout, si le prince d'Orange « se décidait à répondre à l'appel des Anglais, « il en résulterait, pour l'Europe, l'immense « service d'empêcher que la république ne fût « proclamée à Londres (2). » Ce n'est donc pas

(1) Déjà les évêques que Jacques avait fait renfermer à la Tour avaient réclamé l'assistance du prince d'Orange, *comme protecteur naturel de la religion et des libertés de l'Eglise d'Angleterre.* (*Voyez* Mazure, t. 3, p. 35 et suiv. —Lingard, *Histoire d'Angleterre,* t. 14, p. 220, 264, etc.)

(2) *Voyez* Mazure, t. 3, p. 94.

de nos jours seulement, que pour s'ouvrir le chemin du trône, on s'est fait précéder par l'épouvantail d'une république.

Les Bourbons tendaient visiblement, mais avec moins d'abandon peut-être que les Stuarts, vers des conjonctures difficiles, épineuses à l'excès, plutôt que réellement puissantes, sur lesquelles nous devons maintenant porter notre attention.

Le ministère que nous avons vu Louis XVIII accepter, vers la fin de sa vie, fut renouvelé plusieurs fois partiellement; demeurant néanmoins stable durant sept ans, dans la personne de son chef, qu'une habileté éprouvée conservait au milieu des orages. Fidèle au principe qui le fit naître, le ministère *royaliste et religieux* s'était, en quelque sorte, identifié de cœur et d'âme avec les soutiens naturels et les interprètes de ce double principe. Avec eux sans partage, et par eux seuls, il espérait tenir toujours au complet la majorité qui lui était nécessaire pour se conserver au pouvoir. Dès lors un système trop exclusif de conservation ministérielle aboutit à sacrifier la popularité du roi et même celle de la restauration, aux exigences d'une majorité souvent imprudente et irréfléchie dans ses vœux.

Vers ce but malheureux conduisirent, surtout d'une manière plus apparente, les mesures concernant les intérêts religieux, dont il nous a fallu noter à regret l'inopportunité; et dans l'ordre civil, la tentative de rétablir, au sein des familles, le droit d'aînesse, que repoussait bien loin la passion pour l'égalité commune, si dominante et impérieuse aujourd'hui (1). Nous ne parlons pas de la loi d'indemnité, apportant aux confiscations révolutionnaires une réparation dont les effets, favorables au crédit public, firent oublier en peu de temps l'accroissement passager des dépenses de l'État (2).

Mais la docilité du ministère à suivre l'impulsion de la majorité qui pour lors prévalait,

(1) La question du droit d'aînesse fut si vivement débattue, que vingt-deux orateurs parlèrent sur ce sujet à la tribune des pairs; la plupart des dispositions de cette loi furent rejetées. «Le peuple français tient plus à l'égalité qu'à la liberté,» disait Napoléon à Sainte-Hélène. (*Voyez* ses Mémoires, tome 6, deuxième édit., page 41.)

(2) Le duc d'Orléans n'eut pas à se plaindre de la loi d'indemnité. Il résulte des états officiels imprimés et distribués aux Chambres, qu'il toucha, pour lui,

ne pouvait éloigner à perpétuité la désunion, toujours imminente, entre les hommes. Successivement, d'importantes défections changèrent, décomposèrent les proportions de la majorité, et les évènemens fortuits, qui usurpent tant de place sur la scène du monde, se déclarèrent fâcheux, menaçans : c'était d'une part une diminution subite dans les revenus publics (1), en même temps à peu près qu'une crise commerciale, presque universelle, bouleversait nombre de fortunes particulières. Dans un autre genre d'éventualité, le licenciement inopiné de la garde nationale parisienne avait affligé la capitale. L'honorable bourgeoisie de Paris se crut méprisée; elle que, de tout temps, nos rois avaient traitée avec estime, affection! et qui ne s'était pas montrée ingrate assurément, au début de la restauration (2)!

sa mère et sa sœur, comme indemnité de biens vendus dans dix-huit départemens, une somme de 16,169,734 francs 67 centimes.

(1) Un rapport de M. Laffitte à la Chambre des députés, annonça pour l'année 1828 un déficit de quarante millions sur les recettes portées au budget.

(2) Le roi passant, le 29 avril 1827, une revue de la

Par-là même qu'une partie de la nation semblait restreindre sa confiance à l'égard du gouvernement, la division augmenta dans le parti royaliste. Cette majorité compacte, autrefois la force et la gloire du ministère, affaiblie maintenant par le temps, usée surtout par des victoires trop disputées, subissait une dissolution complète. Une partie, qui fut nommée la *défection*, pencha vers le côté libéral ; une autre, gardant l'inflexible rigidité de ses principes monarchiques, continua la *contre-opposition royaliste ;* et ce qui resta fidèle au chef du ministère, était évidemment trop faible pour le défendre avec succès.

Fortifié contre la nécessité présente, par la conscience de son talent et l'habitude du pouvoir, ce chef tardait à reconnaître que l'heure inévitable de sa retraite était sonnée. Pour res-

garde nationale de Paris, des cris se firent entendre : *A bas les ministres! à bas les jésuites!* Le licenciement de la garde nationale qui fut prononcé était alors une mesure à peu près sans exemple. Depuis la révolution de juillet, l'usage en a été fréquent. Il est probable que les évènemens de juillet 1830 auraient pris une autre direction, si, à ce moment, la garde nationale de Paris eût été en activité.

source dernière, espérant rompre simultanément, dans les deux Chambres, la majorité qui lui était hostile, il créa, en une seule fois, soixante-seize pairs, et prononça la dissolution de la Chambre élective. Mais les députés sortans, qui s'étaient à l'avance efficacement recommandés aux colléges électoraux, par l'âpreté de leur opposition, furent réélus presque tous, et rentrèrent en triomphe dans la Chambre des députés. Ainsi tomba avec retentissement le ministère *Villèle,* à qui, malgré ses fautes, la restauration avait dû l'éclat de ses plus beaux jours (1).

Le renversement d'un pouvoir qui n'avait pas manqué de grandeur dans ses vues, ses actes, sa durée, fit autour du trône un vide difficile à remplir : les royalistes, livrés à la discorde, étaient dans l'impuissance de rallier une majorité, et les libéraux inspiraient au prince une défiance insurmontable, dont il eût été sage et utile d'excepter quelques individus. En aucun temps, des ministres à choisir, un cabinet à recomposer en entier, n'avaient excité à un si haut degré la

(1) Le ministère Villèle dura depuis le 13 février 1821, jusqu'au 4 janvier 1828.

perplexité du roi et la sollicitude publique.

La difficulté d'élever au pouvoir, avec quelque chance de succès, aucune personne appartenant à des opinions prononcées, fit naître un ministère de *transaction*, de *conciliation;* noms mal sonnans à l'oreille des partis, indicatifs d'une tâche rude et difficile ! si toutefois l'accomplissement devait pour lors en être possible. Car, il ne suffisait pas d'inviter à une édifiante concorde des ambitions rivales, en leur offrant des *concessions* que chacun trouvait parcimonieuses à son égard, et trop larges en faveur de son adversaire. Aussi, dès le principe, le ministère *Martignac* vit la défiance et les soupçons naître sous ses pas, de quelque côté qu'il les dirigeât. Après dix-huit mois de frêle existence, atteint d'une décrépitude anticipée, malgré des germes de salut public, qu'il recelait peut-être, sans pouvoir les faire éclore, il succomba; emportant, pour toute récompense de ses efforts conciliateurs, quelques rares et stériles témoignages de regret de la part des hommes calmes et modérés (1).

(1) Le ministère Martignac avait cru faire beau-

Le roi ne fut pas des derniers à se réjouir de la chute du *ministère de transaction*, dont l'existence n'était à ses yeux qu'une grande humiliation pour sa couronne. Délivré d'un lourd fardeau, il se crut libre cette fois de choisir un ministère suivant son inclination, et de réaliser un souhait déjà ancien de son cœur, en mettant à la tête des affaires le prince de Polignac; homme de cour, esprit superficiel et présomptueux. Avec ce nom impopulaire, autant que la cour de Versailles l'était au moment de la révolution, avec un général qui ne l'était guère moins, à cause de l'imputation d'avoir contribué, par trahison, à la défaite de Waterloo, et, de plus, avec un député, fougueux orateur de la contre-opposition royaliste, le roi

coup pour gagner les libéraux, en obligeant les jésuites à fermer leurs colléges. Il est assez remarquable qu'en ce même moment, les jésuites voyaient leur existence en Angleterre autorisée par l'article 14 du *bill d'Emancipation des catholiques*. Ce bill, présenté le 5 mars 1829 à la Chambre des communes, par le ministère Peel, y fut adopté à la majorité de trois-cent quarante-huit contre cent-soixante voix. On peut voir à ce sujet *l'Ami de la religion*, t. 59, p. 132, numéro du 14 mars 1829.

composa un ministère selon son gré; manifestation complète de ses plus chères, et, à cette heure, bien malencontreuses préférences (1).

La satisfaction royale ne fut pas de longue durée; de tous les côtés, des libéraux, des royalistes, partit à la fois un concert d'injures, de calomnies, de réprobation, tel que jamais exemple d'un déchaînement semblable ne s'était vu. Le ministère, si nouvellement formé, que le temps d'agir dans aucun sens lui avait manqué, fut poursuivi avec une animosité qui surpasse toute imagination; et qu'aujourd'hui l'on ne saurait représenter exactement, à moins d'emprunter à une feuille périodique du temps, interprète de la défection royaliste, ces paroles de haine atroce : « Coblentz, Waterloo, 1815, « voilà les trois principes du ministère! Pres- « sez-le, tordez-le, il ne dégoutte qu'humilia- « tions, malheurs et dangers (2). »

(1) L'illustration méritée par la conquête d'Alger au maréchal comte de Bourmont, recommande la lecture des Mémoires justificatifs publiés par son fils.

(2) C'est ainsi que s'exprimait le *Journal des Débats*. En parlant de Coblentz, il faisait allusion à M. de Polignac et à M. de la Bourdonnaye; ce dernier ne pou-

Les anathèmes lancés avec tant de fureur par la presse entraînèrent la Chambre des députés, qui d'abord ayant à répondre au discours royal d'ouverture de la session, s'exprima en ces termes, après de longs circuits ménagés avec l'art des rétheurs : « Sire, notre loyauté, notre dé-« vouement, nous condamnent à vous dire que....
« le concours permanent des vues politiques de « votre gouvernement avec les vœux de votre « peuple, la condition indispensable de la mar-« che régulière des affaires publiques... n'existe « pas. » L'honorable délicatesse de Charles X fut blessée de ces mots, qu'envenimèrent, par l'excès d'un zèle indiscret, des voix connues pour amies (1).

vant s'accorder avec M. de Polignac, se retira du ministère après trois mois et demi d'exercice. Le souvenir de 1815 était dirigé contre M. de Peyronnet et les autres ministres.

(1) Pour se faire une idée exacte de la manière dont les royalistes envisagèrent l'adresse, il faut se reporter à quelques-uns des discours prononcés à la Chambre, lors de la discussion de cette adresse. M. de Conny disait : « Où allons-nous, grand Dieu! quoi, nous traîner en « esclaves au char de cette nouvelle puissance qu'on « nomme *opinion publique!* Mais si le pouvoir s'abaissait

La réponse des députés, une fois envisagée comme un affront personnel au roi, rejaillissant sur la couronne, Charles X pouvait-il hésiter? Aussi la Chambre fut dissoute, et de nouvelles élections ordonnées. Une proclamation du roi réclama l'assistance des Français, électeurs surtout, en exposant que la Chambre des députés avait *refusé de prêter au roi son concours pour faire le bien qu'il méditait.* Énonciation qui altérait le texte et le sens naturel de l'adresse. En même temps, le prince avouait qu'*il était affligé comme père de son peuple, et offensé comme roi* (1).

« à ramper aux pieds de cette nouvelle puissance, il « ne serait plus pouvoir, il aurait abdiqué son carac« tère, il aurait méconnu sa noble destination! » Un autre député (M. de l'Epine) disait dans la même occasion : « L'adresse contient une atteinte formelle au « droit du roi de choisir ses ministres; elle est une vio« lation de la Charte, qui déclare que l'administration « du royaume appartient au roi... » Cependant l'intervention directe de la Chambre pour renverser le ministère, n'était pas sans exemple. Ainsi, du temps de Louis XVIII, fut dissous le ministère du duc de Richelieu, au moyen d'une adresse votée par les députés royalistes, et à laquelle MONSIEUR n'était pas demeuré étranger.

(1) Dans cette proclamation du 13 juin 1830, on

C'était un véritable anachronisme de s'en rapporter à l'effet magique de la parole d'un roi de France, devant lequel jadis tout s'inclinait et s'abaissait : maintenant l'humiliation de la couronne dans la personne du roi, peut flatter les Français de nos jours, suivant leur penchant à rabaisser toutes les supériorités sociales. Charles X l'ignorait, on n'osait le lui dire, et il put l'apprendre bientôt, par l'empressement des électeurs à remettre en sa présence ces mêmes députés qui avaient voté l'adresse si pénible à son cœur.

Le prince se vit alors placé, par cette réélection, dans une position fausse, difficile, embarrassante à l'excès : il était obligé d'opter entre une Chambre des députés qu'il ne pouvait souffrir, et des ministres que cette Chambre ne voulait pas supporter. En sacrifiant les ministres, le roi se livrait à la discrétion des députés, et s'il congédiait ceux-ci, le souvenir d'épreuves toutes récentes annonçait que pour la

remarqua aussi ces mots adressés aux électeurs : « Remplissez vos devoirs comme je saurai remplir les « miens. »

troisième fois, le triomphe de leur réélection serait certain. Devant une alternative hérissée de chaque côté de difficultés considérables, les plus éclairés, entre les amis du trône, demeuraient pensifs, inquiets, irrésolus.

Pour faire pencher la balance intervinrent comme d'ordinaire auprès de Charles X, les principes d'honneur, de courage chevaleresque auxquels il aimait à rapporter ses actions : abandonner ses ministres lui semblait un parti injuste, déloyal, contraire à la dignité de la couronne, qui, à cet instant même, venait d'être merveilleusement rehaussée par l'annonce de la prise d'Alger, succès capable d'enfler le courage du vainqueur. Ce brillant trophée du règne de Charles X n'aurait donc été, pour lui, humainement parlant, qu'un don empoisonné de la fortune (1)?

Quoi qu'il en soit, la conservation du ministère l'emporta dans l'esprit du roi. La Chambre à peine élue, n'ayant jamais siégée, fut dis-

(1) La nouvelle de la prise d'Alger, arrivée à Paris le 12 juillet 1830, causa au roi la joie la plus vive; le lendemain on chanta le *Te Deum,* qui précéda de bien peu de jours le renversement du trône de Charles X.

soute, comme la Chambre précédente l'avait été trois mois auparavant; mais avec cette différence que depuis cette époque, les électeurs étaient devenus plus hostiles au pouvoir, par l'annulation répétée de leurs choix; et qu'ils s'étaient en plus grand nombre affiliés aux associations politiques, entre lesquelles la moins ardente n'était pas celle qui avait pour objet de provoquer et d'appuyer le refus du paiement des impôts, en cas d'atteinte aux droits de la Chambre.

Par le fait, la couronne était en ce moment frustrée des avantages attachés à sa prérogative de dissoudre la Chambre, puisque les députés avaient trouvé le secret de se rendre perpétuels, au moyen de réélections sans terme; et, dans cette extrémité, les menaces et les conseils dédaigneux de la presse périodique semblaient avoir plus que jamais pour but de renfermer le roi dans la stricte observation des formes constitutionnelles; afin, sans doute, qu'il attendît avec sécurité l'instant où tout moyen de gouvernement lui aurait manqué.

En considérant des circonstances aussi particulières, jusqu'alors sans exemple, et dont la nouveauté augmentait le danger, il n'était pas hors de propos d'appréhender que la sûreté de l'État ne fût compromise, et de tourner avec inquiétude les yeux vers la Charte, pour chercher si nos institutions constitutionnelles n'offraient aucune ressource contre une si grande nécessité. On lut l'article 14 portant littéralement qu'il appartenait au roi de « faire les rè« glemens et ordonnances nécessaires pour l'exé« cution des lois *et la sûreté de l'État.* »

Ainsi, faute d'avoir conçu quelque combinaison politique plus adroite, plus opportune, plus habile, on arriva d'une manière naturelle et logique, à considérer comme remède accidentellement nécessaire, et non moins urgent que légal, une modification à la loi électorale et à la liberté de la presse; modification arrêtée sous la garantie d'un article de la Charte, et accomplie avec la formalité qui seule devait paraître exigible, d'un acte authentique émané de l'autorité royale (1).

Telles furent dans leurs causes, leur essence

(1) Les ordonnances de juillet retiraient aux électeurs qui ne payaient d'autre cens que l'impôt des pa-

et leur but, les fameuses ordonnances du 25 juillet 1830, représentées sans preuve, jusqu'à ce jour, comme la fin perfide d'un noir complot prémédité contre les libertés publiques.

A vrai dire, ces ordonnances ne sont que le résultat inattendu d'une position singulière, dans laquelle l'ignorance des formes, des accidens, des dangers, ou, si l'on veut, des ressources du gouvernement représentatif, conduisirent Charles X. Peut-être aussi, faut-il voir dans les faits de cette époque, les signes précurseurs d'une révélation destinée à être un jour rendue manifeste par la succession des années : l'impossibilité de consolider en France le gouvernement représentatif, tel que les Anglais nous en ont donné la forme et le modèle. En effet, ce n'est pas sans avoir épuisé les voies légales, comprises dans l'ordre commun, que les moyens exceptionnels, ressortant implicitement de la Charte, furent mis en œuvre. Trois essais consécutifs de ministère et de sys-

tentes, le droit d'élection directe. Les restrictions imposées à la presse concernaient spécialement les feuilles périodiques.

tème, autant de Chambres des députés dissoutes; deux réélections générales consommées, et une troisième prescrite; toutes ces graves déterminations, renfermées dans un intervalle de deux ans et demi, témoignent les soucis, les travaux, les efforts du gouvernement pour arrêter la pente qui l'entraînait vers des mesures extraordinaires.

Il nous reste à considérer, dans la dernière partie de cet ouvrage, Paris embrasé du feu de la sédition, dès la publicité acquise aux ordonnances, et Charles X hasardant, jouant sa couronne dans une guerre de rues et de carrefours. Nous suivrons aussi en Angleterre Guillaume, prince d'Orange, venant, avec l'accompagnement formidable d'un Conquérant, se proposer pour roi. Finalement, nous examinerons les délibérations parlementaires, plus ou moins réfléchies, qui, à Londres comme à Paris, sanctionnèrent un nouvel ordre de choses.

Troisième partie.

CHUTE DE JACQUES II ET DE CHARLES X.

L'Angleterre, avertie depuis long-temps des armemens du prince d'Orange, l'attendait avec impatience. Il venait, suivi de soixante vaisseaux de guerre et de sept cents transports (1). La presse, que l'on pouvait déjà compter parmi les instrumens de révolution, l'avait pourvu de quatre-vingt mille exemplaires d'un manifeste habilement rédigé (2). Mais le but d'un si grand

(1) Les troupes que Guillaume assurait n'avoir embarquées que pour protéger sa personne en Angleterre, montaient à onze mille fantassins et quatre mille cinq cents cavaliers; les équipages et les munitions de guerre étaient fort considérables. (Lingard, *Histoire d'Angleterre*, t. 14, p. 289.) Environ le quart de cette armée était composé de Français réfugiés, à cause de la révocation de l'édit de Nantes. Ils formèrent plusieurs régimens, dont Guillaume se servit encore l'année suivante (1689) contre Jacques, débarqué en Irlande. (Mazure, t. 3, p. 398.)

(2) Lingard, t. 14, p. 283. Ce manifeste, dont nous avons rencontré un exemplaire bien conservé de la version française, imprimée dans le même temps à la Haye, comprend plusieurs déclarations de *S. A. Guillaume-Henri, par la grâce de Dieu, prince d'Orange*. La première est datée de la *Cour de la Haye, le* 29 *octobre* 1688; deux autres suivent à peu de jours d'intervalle. Ensuite viennent deux adresses : l'une aux *officiers et gens de mer de la flotte anglaise*, l'autre *aux officiers et soldats de l'armée anglaise*. En tête de chacune de ces pièces on lit : *Messieurs, mes amis....* A la fin de ces écrits, réunis dans un même cahier, on trouve une *prière à faire pour cette expédition*.

appareil guerrier fut encore plus ostensiblement indiqué par les pavillons flottant sur les vaisseaux. Ils portaient les couleurs de Guillaume, celles de la princesse sa femme, avec les supports d'Angleterre; au-dessus on voyait écrit en lettres hautes de trois pieds : *Pro Religione Protestante.—Pro libero Parlamento.* On lisait plus bas : *Je Maintiendray.* Paroles de poids dans la circonstance, et d'un effet certain sur les Anglais; car ces deux mots résumaient leurs nécessités du moment, religieuses, politiques, et contenaient l'engagement formel de la part du prince d'Orange d'y pourvoir.

Malgré tant de moyens de succès, le sort de Guillaume fut un instant compromis : le peuple, effrayé du débarquement d'un si grand nombre de gens armés, fuyait à son approche : la noblesse restait immobile; et le seul lord qui l'eût voulu joindre, avec quelques habitans, était rudement chargé par les milices. Le prince, déconcerté, parlait hautement de retourner en Hollande.

Le trouble de son adversaire, dont il est informé à temps, le rassure : la sécurité que Jacques avait montrée, en tant d'occasions, s'était évanouie à la première nouvelle du débarquement. Il ne compte plus, à cette heure, sur l'assistance du ciel, dont il croyait jusqu'alors, avoir trouvé le moyen d'unir les intérêts aux siens, par son zèle pour la véritable religion. A tout hasard, ses injustes soupçons planent sur les conseillers, les généraux, les soldats, sans épargner la flotte, dont il avait cependant su conquérir l'affection par une fraternité d'armes et de dangers. Avec cet avantage, aux yeux de tant de braves marins, le crime d'avoir entendu la Messe sur les vaisseaux pouvait bien s'effacer; lorsque, surtout, l'apparition des voiles hollandaises réveillait le souvenir de plus d'une revanche à prendre sur mer. L'amiral anglais était fidèle à son prince, et Jacques se croit trahi par lui (1). Les vents contraires ayant ouvert un pas-

(1) Jacques fut si mal inspiré par ses soupçons, qu'il fit arrêter le général Kerke, un de ses meilleurs officiers, au moment où celui ci venait d'attaquer un détachement des troupes de Guillaume. Burnet avoue que la flotte se serait battue contre les Hollandais. L'amiral lord Darmouth était bien injustement l'objet de la défiance de Jacques; il s'exila avec lui, et, lorsqu'ils se retrouvèrent en France, Darmouth lui adressa les plus touchans reproches sur l'injustice de ses soupçons. (*Voyez* Mazure, t. 3, p. 236.)

sage à l'ennemi, il était facile de l'attaquer au débarquement; mais l'ordre du roi retient la flotte à Portsmouth, place de refuge qu'il s'est préparée, afin d'avoir, à tout évènement, la facilité de se retirer en France avec son fils.

Incapable de surmonter son propre découragement, et de laisser agir des serviteurs dévoués, Jacques songe uniquement à mettre en sûreté sa personne, qu'il ne croit pas à l'abri d'un attentat de la part de son gendre (1). Depuis dix jours son royaume est envahi, et il n'ose quitter Londres, persuadé que sa présence doit y être nécessaire pour protéger les chapelles catholiques, et empêcher le peuple de se donner le spectacle annuel du pape brûlé en effigie (2).

Cependant les défections prévues de si loin, et secondées par l'inaction du prince, s'accomplissent : un lord, neveu du roi, donne l'exemple, suivi bientôt par Churchill, célèbre depuis sous le nom de Marlborough; et cette

(1) Jacques était persuadé, dit-il dans ses Mémoires, que son gendre ne manquerait pas de moyens pour le faire sortir non seulement d'Angleterre, *mais encore du monde*.

(2) Lettre de Barillon, citée par Mazure, t. 3.

fille de Jacques, enfant chérie sur laquelle s'étaient fixées les plus douces illusions de la tendresse paternelle, Anne, princesse de Danemarck, s'éloigne et abandonne son père (1).

A ce coup trop cruel, Jacques éperdu, demande humblement la paix au mari de son autre fille; et sans attendre la réponse, il fuit vers la mer. Reconnu et arrêté au moment de s'embarquer, il est ramené dans la capitale, où son arrivée produit un changement inespéré : le roi, salué par les acclamations de la multitude, se voit presque porté en triomphe par ce même peuple qui, peu d'instans auparavant, consentait et signait une *Déclaration d'union* avec le prince d'Orange, en le suppliant d'arriver au plus vite à Londres (2).

Ce retour d'affection touche médiocrement

(1) Lord Cornbury fut le premier qui passa du côté de Guillaume. (*Voyez*, sur la retraite de la princesse Anne, Mazure, t. 3, p. 210.)

(2) L'historien Clarendon dit positivement que la marche du roi, à son retour, ressemblait à un triomphe. L'invitation de se rendre à Londres, faite à Guillaume, au nom des habitans, indiquait, pour motif, d'accomplir la promesse royale de convoquer un *Parlement libre*, et de protéger la paix publique.

le cœur ulcéré du monarque, résolu de fuir une seconde fois, après avoir mieux pris ses dispositions. En attendant, l'ordre qu'il donne de remettre les portes de son palais aux soldats hollandais, glace le courage de ses gardes, au moment où ils étaient le plus impatiens de combattre (1). Dans ces instans si graves, de futiles précautions occupent le roi : parce qu'il a jeté dans la Tamise le grand Sceau de l'État, il croit avoir mis son adversaire dans l'impossibilité d'instituer et de faire agir un gouvernement (2). « On n'en peut « faire un autre sans moi, » disait-il fièrement à Barillon. Cependant Guillaume avait déjà montré qu'il était capable de lever de plus sérieuses difficultés. Jacques se figure aussi que l'orage passé, il lui sera facile de remonter sur le trône, avec l'aide du roi de France et des au-

(1) Jacques, donnant au fidèle Craven, commandant ses gardes, l'ordre d'abandonner tous les postes aux troupes hollandaises, lui disait : « Entre ces gardes (les » Hollandais) et les miens, je serais peut-être embar- « rassé de choisir. » (*Voyez* Mazure, t. 3.)

(2) *Voyez* Mazure, t. 3, p. 220, 254, 256 et 275. Ce sceau fut retrouvé un an après, dans la Tamise, par des pêcheurs. Guillaume le fit briser.

tres princes catholiques. L'espoir de son retour peu éloigné est manifesté dans une lettre qu'il laisse pour justifier son départ; sorte de testament politique dépourvu des sentimens et des expressions convenables à un roi outragé (1). S'il paraît retrouver quelque force, c'est pour hâter, en accélérant les préparatifs de l'embarquement, l'instant de perdre sa couronne, ou plutôt de la jeter, suivant l'expression d'un historien contemporain (2). Un frêle esquif le dépose, à la faveur de la nuit, sur les côtes de France.

Le roi qui n'osa tirer l'épée en face d'un injuste agresseur, était pourtant brave de sa personne : il avait mené vaillamment des flottes au combat, et précédemment fait la guerre sous la direction de Turenne. Son immobilité étonne, et l'on ne s'explique pas l'espèce de vertige qui

(1) Suivant ses Mémoires, Jacques disait à ses serviteurs qui le pressaient de rester auprès d'eux : « Je n'irai pas si loin que je ne sois à portée de revenir « quand la nation ouvrira les yeux. »

(2) C'est un mot de l'évêque Burnet, qui avait trop activement contribué à la ruine de Jacques, pour n'être pas fort instruit à ce sujet. (Burnet, *Règne de Guillaume III*, liv. v, part. II.)

lui montre tous ses sujets changés en traîtres. L'heure était probablement venue, ou de dures vérités, long-temps comprimées, devaient se faire jour en secret : le roi, il est permis de le penser, s'était jusqu'alors dissimulé l'évidence de son manque continu de bonne foi envers l'Église protestante; les atteintes portées, en diverses occasions, aux libertés publiques, aux Chartes des communes, aux droits des universités. Il n'avait pas encore envisagé, peut-être, toute la témérité du projet de renverser, en Irlande, *l'Etablissement*, c'est-à-dire de rendre aux catholiques, malgré la plus formelle promesse de la restauration des Stuarts, les biens donnés jadis aux officiers de Cromwell, en récompense et garantie de leur victoire (1). Et qui peut savoir si quelque souvenir vengeur des cruautés du grand-juge Jeffreys, ne serait pas venu apporter, dans une conscience déjà in-

(1) En 1687, Barillon annonçait à Louis XIV ce projet de Jacques. Les biens compris dans ce que l'on nommait l'*Etablissement*, avaient à peu près la même origine et les mêmes garanties que les *Biens nationaux* eurent depuis en France. (*Voyez* Mazure, t. 2, p. 286, et les *Mémoires de Jacques*, t. 3, p. 180.)

quiète, de lugubres clartés, suivies d'un trouble insurmontable!

Charles X, auquel l'ordre de notre dessein nous ramène, exempt personnellement, de réminiscences semblables, fut dominé par une confiance absolue dans son droit, dans la loyauté de ses intentions et dans sa force comme roi. Avec ces appuis, il accepta et prolongea trop long-temps, dans Paris, un combat pour lequel, de son côté, rien n'était préparé; car les ministres n'avaient pas cru possible que le peuple abandonnât ses travaux journaliers, pour prendre parti dans une question abstraite de presse et d'élections (1). Ils pensaient, au surplus, avoir paré à tout inconvénient, en faisant

(1) Cette opinion de l'immobilité du peuple, lorsque les ordonnances paraîtraient, fut longuement établie dans un rapport au roi, trouvé aux Tuileries, après les journées de juillet. On y assurait que le mécontentement du peuple se bornerait aux cris : *à bas les ministres!* C'est aussi ce que M. de Polignac disait le 29 juillet au matin. (Rozet, *Chronique de juillet,* t. 2, p. 135.) On y trouve ce rapport au roi, t. 2, pièces justificatives. Mais il est plus complet dans l'ouvrage intitulé : *Histoire de France pendant les dernières années de la restauration,* par un ancien magistrat, 2 vol. in-8°, 1839.

tomber, à l'improviste, les ordonnances au milieu du public stupéfait; mettant leur plus grande assurance de réussite dans l'excès de la surprise qu'ils devaient causer. Aussi le secret d'un coup d'État ne fut jamais si bien gardé; même envers les commandans militaires et les magistrats dont le concours était indispensable au succès de l'entreprise (1).

Les ordonnances, supposées en vigueur, n'auraient produit d'effet sensible à l'égard des élections qu'un mois après, vers l'époque fixée pour la convocation des colléges. Mais la presse était immédiatement frappée dans ses œuvres de chaque jour : aussi, dès qu'une fois les ordonnances sont devenues publiques, l'irritation des journalistes et des imprimeurs ne connaît plus de borne; ils n'hésitent point à faire un appel

(1) Personne n'était prévenu des ordonnances. Le préfet de police ne le fut que la veille au soir. Le duc de Raguse, major-général de service, le fut par le *Moniteur*. Grand nombre d'officiers-généraux étaient en congé ou absens pour les élections. On n'évalue qu'à quatre mille deux-cents hommes l'effectif des troupes de la garde royale engagées dans les combats de juillet. (*Voyez* les *Mémoires de Mazas*, p. 484, et les autres relations.)

sauvage à la force brutale qu'ils possèdent dans les bras obéissans de leurs ouvriers. « Nous « n'avons plus de pain à vous donner, leur di- « rent-ils, à peine nous en restera-t-il pour nous- « mêmes. Plus d'imprimerie, plus de librai- « rie (1)! » Des notifications semblables sont perfidement répétées dans les ateliers les moins susceptibles, par leur genre d'industrie, de recevoir aucun préjudice des ordonnances. Tous ces congés inattendus, sinistres pour l'avenir, font cesser les travaux dans la ville, les faubourgs, les environs, et rendent les fabriques, les manufactures, désertes en un moment (2).

Alors une foule errante, sans travail et bientôt sans pain, encombre les places publiques et les rues. Le désœuvrement forcé de cette multitude aurait suffi pour la rendre incommode aux troupes envoyées pour maintenir l'ordre; celles-

(1) *Chronique de juillet* 1830, par Rozet.

(2) Une coïncidence fâcheuse fit que les notables commerçans de Paris étaient alors assemblés à l'Hôtel-de-Ville, pour la réélection ordinaire de la moitié des membres sortant du Tribunal de commerce. Ils se concertèrent à l'instant pour congédier immédiatement les ouvriers.

ci, attaquées, usent, à regret, du droit de légitime défense. Aux premiers coups de feu, de vieux soldats, restes des armées de la république et de l'empire, accourent pour soutenir le peuple, dont ils font partie depuis leur rentrée dans la vie civile. Les étudians en droit, en médecine, et l'école polytechnique n'hésitent pas à prendre parti pour la Presse, dont la licence ménage à leurs loisirs tant de distractions variées. Pour ces jeunes gens, prêter main-forte aux ouvriers, c'est voler à une partie de plaisir. Mais il faudra subir l'assistance de ces misérables, avides de crime et de pillage, que les grandes capitales recèlent dans les plus infâmes repaires du vice; auxiliaires d'autant plus dangereux à employer, que leur première démarche sera toujours de forcer les prisons, afin d'augmenter leur nombre. Quelques bourgeois, après avoir compté le peu de soldats en présence, s'armèrent aussi pour les insurgés. Encore quelques instans, et tous les ennemis des Bourbons se démasqueront! Plusieurs sont hommes de résolution, d'expérience, dont la vigueur a décuplé par le temps que leurs ressentimens ont fermenté.

Ces combattans, parmi lesquels il en était qui s'abusaient, en croyant, de bonne foi, servir la patrie, marchaient aux cris de *vive la Charte!* Ce cri de guerre, qui jusqu'alors n'avait appelé personne aux armes, nullement compris du plus grand nombre, inspire à tous, aux hommes, aux femmes et aux enfans, des prodiges de valeur; et porte aussi dans leur esprit certaine impression de retenue, qui préserva la capitale d'une grande partie des excès communs dans les soulèvemens populaires.

Assez de fois ont été racontés les exploits du peuple, dont l'emportement dura trois jours; et les éloges n'ont pas manqué au travail opiniâtre des six mille barricades élevées en vingt-quatre heures, à travers les rues, les quais et les boulevards. Mais l'heure de la justice n'est pas encore venue consoler la mémoire des braves soldats, que foudroyaient en même temps, le feu partant des fenêtres, et les pavés, les meubles lancés du haut des maisons. Leur retraite fut commandée moins peut-être à cause de l'insuffisance de leur nombre, que du manque de vivres et de munitions.

Il ne leur fut pas donné d'empêcher que l'Ecu

du noble royaume de France, glorieusement arboré, quelques jours auparavant, sur les remparts d'Alger, ne fût, à Paris, traîné dans les ruisseaux. En ce moment prévalaient d'autres Couleurs, l'emblême moderne de la liberté, trop souvent indéfinie, partant de l'instabilité, de la licence, de la destruction des Etats. Ce drapeau reparut, qui avait vu deux fois, en moins de deux ans, les armées étrangères entrer dans Paris, et qui n'avait · u garantir, à la France, la possession de la moindre parcelle des pays conquis, sous l'inspiration de ses brillantes couleurs : le drapeau tricolore fut déployé au faîte des édifices publics (1).

L'émeute étant devenue révolte, insurrection

(1) Ce n'est pas certainement aux Bourbons qu'il faut s'en prendre de ce que nous avons possédé si peu de temps, les pays conquis durant la révolution. Le drapeau tricolore ne guidait-il pas nos soldats lors des désastres de Leipsick, de Waterloo, et ne flottait-il pas dans Paris lorsque les étrangers s'y présentèrent deux fois? Cependant nous possédons encore les importantes conquêtes de Louis XIII et de Louis XIV : le Roussillon, la Franche-Comté, la Flandre, l'Artois, l'Alsace. Sur mer, le drapeau tricolore n'a pas continué à la France toute l'illustration acquise au vieux

d'une immense capitale, l'autorité publique ne pouvait se montrer nulle part. Tout frein de police et d'administration fut brisé. Plus de communications libres dans l'intérieur de la ville, obstruée de barricades et de rassemblemens armés. A peine quelques citoyens, préoccupés du salut de la cité, avaient-ils réussi à s'entendre pour solliciter, du Commandant des troupes, une suspension d'armes.

L'anxiété générale avait attiré, dans les bureaux des journalistes, des hommes de tout état, qui se réunirent ensuite, en plus grand nombre, à l'Hôtel-de-Ville. Là, non contens de discourir et de raisonner sur les évènemens du jour, ils voulurent s'attribuer une intervention officieuse dans les conseils qui pourraient être adoptés; sans avoir d'autre mission que celle qu'ils préten-

Pavillon blanc. Les couleurs qui sont encore présentement (1843) celles de la France, méritent, par cela seul, des égards, mais la même raison voulait que l'on n'outrageât pas notre antique drapeau. Il ne peut être ici question de prédilection ni de préférence particulières, les faits sont là; et l'exploit de la prise de Constantine, en Afrique, est trop récent et d'une étendue trop limitée, pour leur donner un démenti.

daient tenir du titre d'Électeur, et de leur patriotisme échauffé par le tumulte populaire et par le fracas des armes. Ces soins concernaient, avec plus de raison, le petit nombre de députés des départemens, qui étaient pour lors à Paris, et qui, après s'être cherchés long-temps, parvinrent à s'assembler plusieurs fois, en différens endroits.

De ces deux centres, Hôtel-de-Ville et fraction de la Chambre des députés, nous verrons bientôt partir le mouvement d'impulsion et les actes de forme, qui changèrent l'incident de juillet en révolution. A l'Hôtel-de-Ville, La Fayette qui brillait par le souvenir des insurrections où il avait autrefois figuré, ne pouvait manquer d'être reconnu président; les députés choisirent Laffitte; deux personnages qu'il importe de faire connaître.

Le banquier Laffitte jouissait de toute l'importance dont se parèrent, sous la restauration, les capitalistes enrichis dans les emprunts de l'Etat. Une considération personnelle méritée par des témoignages de délicatesse et de générosité, rehaussait son existence brillante, à laquelle, s'il manquait rien, ce ne pouvait être que la prééminence des titres, et l'illustration de la naissance. Avantages qui en ce temps-là, plus que jamais, excitaient la convoitise des hommes les plus estimables, dans la profession du commerce et de l'industrie. La vue, dans les autres, des distinctions honorifiques, propres à la constitution d'une monarchie, les offensait, les blessait au vif, leur perçait le cœur. C'était une augmentation, un surcroît intolérable, dans le nombre des choses, déjà trop multipliées à leur gré, qui ne peuvent s'acheter à prix d'argent. *L'envie nous tue, la jalousie nous dévore!* chacun aurait-il pu dire; comme depuis un heureux, de la terre promise de juillet, le reprocha naïvement à ses anciens amis, qui s'indignaient de n'avoir pas été admis, avec lui, au partage des biens conquis (1).

(1) *L'envie nous tue, la jalousie nous dévore!* écrivait M. Dupin aîné, après la révolution de juillet, lorsqu'il fut comblé d'emplois, de dignités, d'honneurs, et qu'il dut se croire arrivé à n'être plus compris dans un pareil reproche. Ce passage cité appartient à la page 49 de la brochure que le savant jurisconsulte a eu la constance de publier *sur le Caractère légal et politique de la révolution de* 1830; Paris, 1833, in-8° de cinquante et une pages, non compris les pièces justificatives.

Une grande droiture n'empêche pas toujours d'injustes préventions. Laffitte, nommé député, avait sa place, marquée d'avance, sur les bancs de l'opposition. Là, tout concourait à le désigner aux prévenances et aux soins attentifs du duc d'Orléans. Insensiblement la force lui manqua contre la séduction d'une amitié de prince. L'excès du contentement peut égarer : il tomba dans l'illusion de considérer, comme le remède unique au malheur des temps et aux griefs politiques, dont l'opposition se plaignait, l'élévation au rang suprême du prince, qui lui faisait tant d'honneur; ce fut désormais sa pensée habituelle, l'idée fixe qui le poursuivait partout. Au milieu des spéculations de Bourse, des comptes de change et d'agio, Laffitte rêvait à faire un roi de France.

Ce n'était pas là précisément que tendaient les préoccupations révolutionnaires de La Fayette; vieille idole des Parisiens de 1789, oubliée pendant long-temps, et vers le déclin de la restauration remise en honneur. Les glaces de l'âge n'avaient pas refroidi l'ardeur avec laquelle il s'était voué aux travaux d'une sorte d'Apostolat: ayant pour objet d'établir, dans les deux mondes, le règne de la souveraineté du peuple. Un engouement exclusif l'attachait aux théories abstraites de gouvernement, applicables, tout au plus, à la civilisation naissante, ou dans le cercle étroit de la fédération américaine. Inutilement, de nombreuses victimes, qu'il pouvait compter entre ses proches, avaient payé de leur vie la témérité de ses expériences politiques : il se croyait quitte du sang innocent, pourvu qu'il eût pieusement déployé sur leurs tombes la Bannière aux trois couleurs; et il continuait de poursuivre ses plans destructeurs avec l'ardeur du fanatisme, ou plus souvent avec le calme d'un esprit fasciné par quelque cause ignorée. De là, sans doute, est venu le reproche de *niais*, dont ses adversaires ont honoré sa bonne foi. C'était presque toujours avec les expressions choisies, et les formes aristocratiques d'un Marquis du temps passé, qu'il vantait les bienfaits de l'égalité et de la liberté. En présence des Grands, il tirait vanité de s'être fait plébéien, par goût et par préférence. Ailleurs, il était bien aise que l'on montrât des égards particuliers à son malheur, d'être né dans la *caste nobiliaire*. Naturellement humain et généreux, sa philantropie n'aboutissait, en définitive, qu'à vouloir donner au peuple une plus grande extension de droits politiques, comme remède universel aux maux de la condition humaine. Son esprit cultivé, et du reste éclairé, n'avait jamais pu comprendre que le pain et le travail sont plus nécessaires au peuple que l'exercice d'une prétendue souveraineté, qui tarit, par d'inévitables excès, les sources de la prospérité commune.

Absent de la capitale, quand les ordonnances parurent, Lafayette accourt. La nouvelle répandue sur la route, d'une grande émeute à Paris, hâte sa marche. Il arrive brûlant de rajeunir sa popularité; et, plus que jamais, affamé des vivats de la place publique. Devant les députés, alors réunis dans la maison de Laffitte, il déclare que, sa vie étant consacrée à l'œuvre de régénération commencé en 1789, il doit maintenant, ainsi qu'il fit quarante ans auparavant, prendre le commandement de la garde nationale parisienne; et à l'instant il part, pour se faire reconnaître à *l'Hôtel-de-Ville* (1).

(1) La Fayette avait été nommé commandant de la

Tout pressé qu'il soit, sa marche est retardée par les flots du peuple qu'il traîne à sa suite; et il n'entre à *l'Hôtel-de-Ville* qu'après les commissaires désignés par les députés, presque aussitôt son départ, pour exercer provisoirement l'autorité dans la capitale. Une fois cette *Commission Municipale* installée, l'insurrection était pourvue d'un gouvernement agissant, disposant, ordonnant en son nom.

En face d'évènemens si graves, Charles X demeurait calme et tranquille, dans sa résidence d'été, au château de Saint-Cloud; entendant depuis trois jours gronder le canon, sans que l'étiquette du palais fût sensiblement dérangée. L'imminence du péril était cependant comprise de quelques sujets dévoués, qui parvinrent, avec peine, à ouvrir les yeux du roi. Ils purent le décider à révoquer les Ordonnances, à changer ses ministres, et à permettre que le duc de Morte-

garde nationale de Paris, le 15 juillet 1789. A quarante ans de là, dans le même mois, presqu'à pareil jour, il reprenait le même commandement. Il aimait à faire remarquer ce rapprochement de temps, comme l'effet d'une heureuse prédestination pour la France et pour lui.

mart, nommé président du nouveau cabinet, portât dans Paris ces tardives résolutions (1).

Mais voilà que cette même destinée de malheur, qui la veille, contre toute vraisemblance, avait causé la prise du Louvre par les insurgés (2), s'attache maintenant à toutes les démarches du duc de Mortemart! Arrêté d'abord par les troupes du roi, dont il a peine à se faire reconnaître, il change deux fois de route avant

(1) Charles X répondit d'abord, lorsqu'on le pressait de révoquer les ordonnances : « Je ne veux pas, comme mon frère, monter en charrette, je veux monter à cheval. » L'arrivée à Saint-Cloud de MM. de Sémonville et d'Argout, ouvrit les yeux au roi. Mais la nouvelle qu'ils répandirent à Paris de l'arrivée prochaine du duc de Mortemart, eut cela de fâcheux que ceux qui ne voulaient pas d'accommodement avec le roi, se précautionnèrent à l'avance contre la mission du duc, qui n'arriva à Paris que le lendemain, vendredi, 30 juillet. Il n'avait pu partir de Saint-Cloud le même jour, qu'à sept heures du matin, à cause de l'hésitation du roi à signer la révocation des ordonnances. (*Voyez* les *Mémoires de Mazas,* Mission du duc de Mortemart, p. 70.)

(2) Le Louvre fut dégarni de troupes sur un ordre mal exécuté du duc de Raguse. C'était une position imprenable, au dire de tous les militaires.

d'entrer dans Paris, après un long circuit, hors des murs de clôture. La perte de temps était considérable, et, surcroît de fatalité, lorsque le duc se présente à la demeure de Laffitte, les députés n'y sont plus rassemblés. Après l'avoir attendu, comme ils avaient déjà fait le jour précédent, ils se sont rendus au palais de la Chambre, où ils l'attendront encore inutilement. Errant à travers les barricades, le ministre, toujours annoncé, toujours invisible, ne peut arriver à temps nulle part. On avait cru aussi le voir paraître à *l'Hôtel-de-Ville*, mais épuisé de fatigue, indisposé, il charge de se présenter en son nom, un pair qui s'est rencontré; auquel l'insurrection triomphante signifie, pour réponse, *qu'il n'est plus temps! qu'il est trop tard* (1)!

(1) M. Colin de Sussy, tout honorable qu'il fût, manquait de poids et d'importance politique pour une mission aussi grave. Suivant les assertions les plus positives, contenues dans un écrit publié en 1839, sous ce titre : *Histoire de France pendant la dernière année de la restauration,* par un ancien magistrat, on aurait lieu de douter, quoiqu'on l'ait tant de fois assuré, que la veille (le 29), dans l'Hôtel-de-Ville, il ait été déjà répondu à M. d'Argout, par La Fayette, Schonen, ou

Dans ce *Quartier-Général de la liberté*, comme disait La Fayette (1), on n'avait cependant arrêté aucune détermination. Mais, en suivant la pente naturelle de l'esprit révolutionnaire, on dut songer d'abord à démolir, abattre et renverser, sans admettre nul souci de reconstruire. Le signal du renversement partit de la *Commission Municipale*, formée de cinq membres d'états bien différens : un avocat siégeait à côté d'un entrepreneur de roulage, un juge avec un général et un banquier. Parmi eux n'était pas ignoré ce puissant moyen de la démagogie en action, le secret que Danton, de féroce mémoire, ne manquait jamais, dans les jours de péril, de rappeler à ses amis. « Que faut-il, demandait sa voix tonnante du haut de la tribune, que faut-il pour vaincre nos ennemis? De l'audace, encore de l'audace, et toujours de l'audace! » Ces traditions parlèrent en juillet 1830, et d'autres également qui s'y rattachaient de près : les traditions de *la Commune de Paris*, imposant le joug

aucun autre : *il est trop tard!* (*Voyez* cet ouvrage, t. I, p. 345, note.)

(1) *Lettre de La Fayette aux Electeurs de l'arrondissement de Meaux.*

de sa domination sanglante à l'assemblée représentative de la nation, et à la France asservie. Le pouvoir qui venait d'être partagé entre cinq personnes se montra jaloux, durant sa courte existence, de faire revivre le privilége de l'omnipotence parisienne; en vertu de laquelle, et suivant le bon plaisir d'un placard imprimé, affiché dans la ville, la Commission prit l'initiative de déclarer *que Charles X avait cessé de régner* (1).

L'attentat forcené de la Commission Municipale faisait évanouir tout espoir de réconciliation prochaine avec le roi. Dans l'obscurité d'un avenir destitué, tout d'un coup, du seul moyen de salut que l'on eût d'abord généralement entrevu, le poids des inquiétudes publiques et

(1) Cet acte parut dans la matinée du 31 juillet. Un membre de la commission municipale, Casimir-Périer, s'honora en refusant de signer un pareil écrit, rempli d'ailleurs d'injures et de calomnies contre le roi et son gouvernement. M. Dupin, dans sa brochure *sur le Caractère légal et politique de la révolution de juillet* (1833), n'a pas inséré cette proclamation parmi les pièces justificatives qu'il a rassemblées en grand nombre. Le motif de la suppression s'explique sans doute par la difficulté de montrer le *caractère légal* de cet acte.

privées était devenu accablant; alors, jugeant l'instant favorable, le moment décisif, Laffitte et ses amis donnèrent carrière aux jeunes écrivains, dont leur parti disposait. Peu d'heures suffirent pour que Paris fût inondé d'écrits louangeurs prenant tous les tons, de panégyriques menteurs, sur feuilles volantes, ou fixés sur les murs, en l'honneur du duc d'Orléans; auquel, vers le même moment, la Chambre des Députés accordait la charge de Lieutenant-Général du royaume, d'après la proposition de commissaires désignés par les députés pour conférer avec la Chambre des Pairs. Cette charge, utile quelquefois dans les grandes nécessités de l'Etat, ne pouvait à cet instant avoir d'autre objet, selon toute raison, que l'avantage de constituer une sorte de médiation temporaire entre le roi mal conseillé et le peuple révolté (1).

(1) La nomination du lieutenant-général faite le vendredi 30 juillet, fut présentée au prince qu'elle concernait, le lendemain matin, par une députation. Le sens véritable de la résolution de la Chambre à cet égard, fut dénaturé par la presse périodique avec une impudence rare. Voici comment *le National* du 31 juillet annonçait l'évènement : « Après quinze ans d'un

A cette nouvelle, les hommes de l'Hôtel-de-Ville s'indignent de l'obstacle inopiné qui s'élève contre leur domination, à peine reconnue; leurs vœux se portent avec plus d'ardeur vers le rétablissement d'une république dont La Fayette serait le chef. Pressé de déjouer ce projet, le Lieutenant-Général, suivi de plusieurs députés, dirige ses pas vers l'Hôtel-de-Ville. Oubliant la charge éminente dont il est revêtu, sa marche fut celle d'un candidat vulgaire allant, par les rues, solliciter les suffrages de la multitude. Pour largesses au peuple, le prince offrait à chacun les prémices des célèbres *poignées de main*, tant prodiguées les jours suivans (1).

Arrivé à l'Hôtel-de-Ville, il se montre à une fenêtre, tenant La Fayette par la main, et il

« règne odieux et déshonorant, la maison de Bourbon « est, pour la seconde fois, *exclue du trône. La Chambre « des députés a prononcé aujourd'hui cette grande détermi- « nation, en appelant à la lieutenance-générale du royaume « la maison d'Orléans.* » (*Voyez* la *Chronique de juillet* 1830, par Rozet, t. 1, p. 392.)

(1) Bérard convient qu'il avait désapprouvé cette familiarité *des poignées de main, comme n'exprimant rien de sincère.*

fait donner lecture de la résolution des députés, qui lui confère la Lieutenance-Générale du royaume. La foule s'est amassée sur la place de Grève, comme au jour d'une exécution criminelle, sans se douter qu'elle assiste aux préludes de l'inauguration d'un roi (1).

L'entraînement de Lafayette et celui du peuple furent un coup de parti, qui devait faire passer toute l'autorité dans les mains du duc d'Orléans. L'idée de ce grand changement vint frapper La Fayette au sortir de l'Hôtel-de-Ville : pour s'en éclaircir, il alla sur l'heure confier ses tardifs scrupules au prince; mais il eut bientôt sujet d'en être honteux, car celui-ci adopta toutes ses vues sur l'établissement d'un *trône entouré d'institutions républicaines*, ou, en d'autres termes, *le Programme de l'Hôtel-de-Ville* fut accepté. Heureux d'un si complet et

(1) C'était sur la place de Grève que, depuis l'an 1300 environ, se faisaient les exécutions de justice.

Il n'est pas vrai qu'à cette occasion, le 31 juillet, à l'Hôtel-de-Ville, Lafayette, montrant au peuple le duc d'Orléans, ait dit : « Voilà la meilleure des républiques. » Le fait est démenti par Sarrans, *Révolution de* 1830, t. 1, p. 279.

prompt succès, La Fayette se hâta d'en répandre la nouvelle; en se portant, envers son parti, garant du prince que, dans l'effusion de sa joie, il prit le doux plaisir de surnommer *le Patriote de* 89, *le Soldat tricolore de* 1793, *connu par ses mœurs citoyennes et ses vertus domestiques* (1).

Vanité des espérances humaines! le héros candide des deux mondes ignorait qu'en ce même jour, dans ce même palais, quelques heures auparavant, le même prince avait contracté d'autres engagemens avec un ministre du roi Charles X, qu'il avait mandé exprès : « Duc de Mortemart, « avait, en propres termes, articulé le prince, « si vous voyez le roi avant moi, dites-lui qu'ils « m'ont amené de force à Paris; mais que je me « ferai mettre en pièces plutôt que de me lais- « ser poser la couronne sur la tête (2). »

(1) Ce sont les expressions de Lafayette dans sa *Lettre aux Electeurs de Meaux*, où il raconte l'histoire du programme de l'Hôtel-de-Ville, dont l'inexécution a fait accuser Louis-Philippe *d'avoir arrêté la marche civilisatrice et progressive de la révolution de juillet.*

On trouve la *Lettre aux Electeurs de Meaux*, dans Sarrans, *Révolution de* 1830, t. 2, p. 212.

(2) Ces paroles n'ont jamais été révoquées en doute;

C'était bien là, certainement, le langage du devoir et de l'honneur. Ces paroles retentirent au fond de l'âme du vieux roi, retiré à Rambouillet, où il pouvait encore disposer d'une armée de douze mille hommes, avec quarante pièces d'artillerie; mais affligé du sang versé durant trois jours, abattu, découragé, il lui répugnait de renouveler, contre des Français, une lutte trop long-temps meurtrière. Réfugié dans les sentimens d'abnégation chers à la piété, dès long-temps habitué à rapporter tous les évènemens à la Providence, il crut reconnaître l'assistance de son bras secourable, dans l'intervention d'un parent toujours affectueux, venant acquitter envers lui la dette d'un cœur reconnaissant, et d'ailleurs, possédant les moyens de conjurer l'orage, par ses relations avec les hommes influens du parti libéral.

Dominé par ces considérations, Charles X n'hésite pas à confirmer, autant qu'il lui est

leur certitude est appuyée sur la loyauté connue du duc de Mortemart. (*Voyez* le Récit de la mission du duc de Mortemart, publié dans les *Mémoires de Mazas*, p. 124, 125 et 126.)

possible, par une adhésion formelle, les pouvoirs que le Lieutenant-Général du royaume tient déjà du vote des Chambres (1). Bien plus, dès le lendemain, renonçant au trône avec son fils, qui se prête à signer le même abandon, le roi abdique en faveur de l'héritier présomptif, de son petit-fils en bas âge. L'écrit de cette double renonciation, adressé au duc d'Orléans, invoque, en termes clairs et précis, les lois fondamentales de la monarchie. « Vous aurez donc, « en votre qualité de Lieutenant-Général du « royaume, ajoutent Charles X et son fils, à « faire proclamer l'avènement de Henri V à la « couronne. » Cette importante communication parvient, sans que l'officier-général, qui en était porteur, ait pu, malgré les plus pressantes démarches, obtenir d'être admis auprès du prince; avec lequel il était chargé, en outre, par Charles X, de concerter la remise du jeune roi (2).

(1) L'ordonnance royale du 1er août s'exprime ainsi : « Le roi, comptant d'ailleurs sur le sincère attache- « ment de son cousin le duc d'Orléans, le nomme « lieutenant-général du royaume. »

(2) Ce fut le lieutenant-général La Tour-Foissac qui fut chargé de porter l'abdication au duc d'Orléans.

Pour toute réponse au sacrifice d'une couronne quittée sans traité préalable, ni réserve d'intérêt personnel, urgent à régler avant ce passage si difficile du trône à la vie privée, un rassemblement tumultueux de populace armée, se dirige à l'instant vers Rambouillet, afin d'attaquer le roi. De faux rapports ayant exagéré la force d'une cohue méprisable, que les troupes eussent châtiée sans peine, le roi suppose que de grands malheurs sont attachés à sa présence. Résigné à partir avec sa famille et l'héritier de la couronne, il se laisse mener en captif, hors du royaume, regrettant amèrement, sans doute, de n'avoir pas, pour l'intérêt de la monarchie, pour son petit-fils et lui-même, con-

Comme il lui fut impossible de se faire introduire auprès du prince, à qui les dépêches devaient être remises en mains propres, il alla chercher le duc de Mortemart, avec lequel il revint au Palais-Royal; là, il fut obligé de confier ses dépêches au duc de Mortemart, qui fut seul les donner au prince; après quoi, le général put, accompagné de M. le duc de Mortemart, voir la duchesse d'Orléans, pour laquelle il avait aussi des lettres. Certaines inquiétudes ne furent pas dissimulées à la duchesse, qui répondit : « *Mais mon mari* « *est un honnête homme !* »

certé son abdication avec plus de défiance de l'avenir et des hommes (1).

L'Angleterre nous montre d'autres circonstances et d'autres motifs, dans l'émigration que nous avons vu Jacques tenter deux fois. Ce prince était loin, par son caractère, de comprendre la dignité d'une abdication, œuvre de détachement qui passa ses forces; lors même qu'étant depuis long-temps privé de la couronne, sa renonciation aurait, selon toute apparence, profité à son fils (2). Quand il s'était pressé de rejoindre en France ce fils, alors en

(1) L'abdication du 2 août fut connue dans Paris le 3, par le discours du duc d'Orléans à la Chambre. Le même jour, des rassemblemens de Parisiens se mirent en marche pour Rambouillet; le roi et sa famille en partirent dans la nuit, entre dix et onze heures, pour Dreux.

(2) Louis XIV avait sondé Guillaume à ce sujet; mais Jacques, refusant toujours de renoncer à ses droits, ne voulut pas que la négociation fût continuée. Il est fait mention de cette particularité dans les *Mémoires de Jacques*, t. 4, p. 432. Le roi dit : « Qu'il ne « pouvait se faire à l'idée de rendre son fils lui-même « complice du crime par lequel il avait été détrôné....., « et qu'il ne pouvait consentir à se laisser chasser du « trône par son propre fils. »

bas âge, qu'il avait mis à l'abri avec une prévoyance si hâtive, il accomplissait, suivant le reproche de tous les historiens, un *acte de désertion* (1). Abandonnant son royaume à l'envahissement des soldats étrangers, et aux conséquences d'une révolution flagrante, sans avoir pour l'avenir disposé autre chose que la promesse d'apporter bientôt, par son retour, la guerre civile en Angleterre (2).

Respectons l'infortune des rois! ceux-là du moins, religieux et chrétiens, sauront subir leur destinée. Considérons les suites de leur départ, les délibérations et les actes parlementaires qui eurent lieu après leur absence.

Jacques éloigné, l'Angleterre demeura sans chef durant deux jours. Inquiets d'une vacance qui pouvait entraîner des suites fâcheuses, quatre-vingt-sept pairs, les seuls qui fussent à Londres, supplièrent le prince d'Orange de se charger de l'administration jusqu'à « la réunion « d'une *Convention* qui prendrait, dirent-ils, « les mesures nécessaires pour l'établissement

(1) *Voyez* Mazure, t. 3, p. 250, et la Déclaration des lords, ci-après.

(2) *Voyez* ci-devant, p. 152.

« de toutes choses, » ou, plus explicitement, jusqu'à l'assemblée des deux Chambres, auxquelles, faute de convocation royale, l'usage n'était pas de donner le nom ordinaire de *Parlement*. Les pairs fixaient à un mois l'ouverture de la Convention (1).

En attendant le résultat des élections de députés à la Convention, auxquelles on procéda immédiatement dans toutes les provinces, Guillaume voulut montrer l'importance qu'il attachait à l'intervention des *Communes*. Il appela, pour les suppléer momentanément, ceux de leurs anciens membres qui avaient siégé dans les deux Parlemens antérieurs au règne de Jacques (2). Cette réunion et les représentans de l'Écose, ayant suivi l'exemple des Pairs, en offrant l'administration provisoire au prince,

(1) Un des premiers soins de Guillaume, après son avènement, fut de changer la *Convention* en *Parlement*, ce qu'il fit en se rendant à la Chambre des lords, avec le cortége d'usage pour le roi, et en prononçant, assis sur le trône, un discours aux deux Chambres. (*Voyez* Smolett, *Histoire d'Angleterre*, liv. 8, ch. 1.)

(2) Cette combinaison fut adroite, beaucoup de membres de cette assemblée ayant autrefois voté l'exclusion de Jacques, duc d'York; aussi la nouvelle as-

celui-ci accepta, mais en se renfermant dans les dehors d'une complaisance presque dédaigneuse.

Les élections finies, l'assemblée, qui s'ouvrit à Westminster, ne tarda pas à recevoir les communications du prince d'Orange. Comme il lui importait d'attirer l'attention des esprits sur la politique continentale, il signala, en premier lieu, les agrandissemens de la France, et les desseins ambitieux de son *turbulent* monarque, « le persécu-« teur de la religion protestante et l'ennemi « juré de la couronne d'Angleterre. Il faut, di-« sait-il encore, par la voix de l'orateur des *Com-« munes,* il faut, à l'aide d'une puissante diver-« sion dans les États d'un roi ennemi, recouvrer « nos anciennes conquêtes en France, et rendre « à l'Angleterre les provinces qui lui appartien-« nent (1). » C'était assurément dater de loin les revendications de l'Angleterre, qui n'avait à regretter d'autre perte, un peu récente, que la ville de Dunkerque, aliénée d'ailleurs libre-

semblée débuta par remercier Guillaume d'avoir exposé sa personne pour sauver l'Angleterre du *papisme* et de l'*esclavage*.

(1) Mazure, t. 3, p. 317.

ment, à prix d'argent. Mais l'appât était habilement préparé pour séduire le peuple anglais, devant lequel le prince d'Orange se présentait, comme tout aussi capable d'entreprendre la réparation des plus anciens griefs de l'Angleterre contre la France, que d'effacer le malheur et la honte de l'alliance actuelle.

Les Français avaient aussi, à l'époque de la restauration, éprouvé les chagrins de l'amour-propre national blessé; l'immense carrière de gloire, ouverte par Napoléon, n'avait pu se fermer sans contrarier, nous l'avons laissé apercevoir ailleurs, bien des ambitions déçues (1). Mais le temps était venu affaiblir insensiblement les regrets, qui n'avaient pas attendu 1830, pour céder à d'heureuses mesures appuyées par les circonstances. La religion et la patrie, devons-nous encore rappeler, s'étaient réjouies de l'affranchissement de la Grèce, soustraite par Charles X au joug des Musulmans, en dépit de l'Angleterre, inquiète pour son commerce de la Méditerranée, et son droit de suprématie sur les îles Ioniennes. La victoire de Navarrin ne

(1) *Voyez* la première partie.

tarda pas à être suivie des préparatifs de l'expédition d'Alger. L'indépendance reconnue avec laquelle était dirigée la diplomatie française, la dignité de ses démarches et de son langage, environnaient d'honneur le présent, et paraient l'avenir d'espérances brillantes.

Toutes celles dont le prince d'Orange cherchait à éblouir les Anglais, n'empêchèrent pas qu'un prompt refroidissement à son égard ne se fît sentir, dans les dispositions de la Chambre haute; de la part même des lords qui avaient sollicité la venue du prince, ou l'avaient accueilli avec des témoignages de satisfaction marquée (1). Dans les *Communes*, la froideur n'était pas moindre, malgré la présence d'un grand nombre d'anciens votans ou partisans du *bill d'exclusion;* le peuple ne paraissait pas éprouver d'autre sentiment que l'indifférence. De façon que, soit compassion secrète envers le roi, défiance contre les soldats hollandais, dégoût des

(1) Le lord Cornbury entr'autres, qui avait le premier donné le signal de la défection dans l'armée de Jacques, à Salisbury, ainsi que lord Seymour, demandaient le rappel du roi, sous des conditions favorables à la liberté. (Mazure, t. 3, p. 322 et 327.)

manières glacées de Guillaume, crainte vague de l'avenir, ou peut-être par tous ces motifs réunis, la *Convention* était appelée à délibérer dans le calme des passions, et le plus profond silence extérieur.

Il n'en était pas ainsi dans Paris, au début de la session des Chambres, fixée par Charles X au 3 août, ouverte ce même jour par le Lieutenant-Général du royaume. Depuis quatre jours seulement, le sang avait cessé de couler dans les rues. C'était au milieu d'une atmosphère embrasée des feux de la guerre civile, et d'une ville ébranlée par le canon, que les pairs et les députés se préparaient à délibérer. Le peuple, enivré du bonheur de sa victoire, livré à de mauvais conseils, ne bornait pas ses souhaits de vengeance à faire tomber sur les ministres tout le poids de la responsabilité des ordonnances; un succès prodigieux excitait à frapper plus haut, sans admettre l'idée sage du moindre retard d'un jour, d'une heure, d'une minute, accordés à la réflexion.

Une certaine maturité dans les résolutions n'aurait pas déplu à La Fayette; mais il s'abusait en croyant pouvoir retenir le torrent qui avait déjà franchi les digues. La Providence avait donné mission à La Fafayette de soulever les tempêtes, sans attacher à sa destinée le pouvoir de jamais les arrêter, en sachant régler les conséquences et la fin d'une révolution. Aujourd'hui encore, Souverain à l'Hôtel-de-Ville, sa voix était toute-puissante, et il ne put rien imaginer de mieux que d'adresser un message aux députés, dans lequel, à travers une mystérieuse obscurité de paroles, il laissait percer la crainte que l'on ne fût disposé à se décider trop à la hâte; et, pour revenir à son texte habituel, à son rêve de tous les jours, il conseillait de *réunir le peuple en Assemblée Générale* (1).

C'était une pâle réminiscence des droits de la souveraineté du peuple, mentionnés, comme pour mémoire aussi, dans les déterminations politiques de 1688. Alors, comme aujourd'hui, ces droits dont il fut beaucoup parlé, n'étant pas nettement définis, se perdirent dans le va-

(1) Ce fut M. Odilon-Barrot, avocat, qui se présenta devant la réunion des députés, de la part de La Fayette. (*Voyez* le procès-verbal de la réunion du vendredi 30 juillet.) On le trouve dans les *Souvenirs de Bérard*, p. 485.

gue, où, jusqu'à présent, ils sont demeurés.

Les républicains, supplantés par l'avènement de Guillaume, se fondirent avec les whigs (1); tandis qu'en France, leur fusion immédiate ne vint pas rassurer la royauté nouvelle. Ils eurent les uns comme les autres, Anglais et Français, pour consolation plus spécieuse que solide, dans la perte du pouvoir, un système de compensation, déjà plusieurs fois allégué en 1688, portant que : « s'il faut absolument subir un roi, « on doit pencher pour celui dont le titre équi- « voque serait le garant de ses ménagemens pour « les droits du pays (2); » ou bien encore : « le « pire titre fait le meilleur roi, » avait-on dit en faveur de Monmouth (3). Comme si l'expérience eût prouvé qu'un pouvoir obtenu par des voies légitimes, se montre d'ordinaire plus qu'aucun autre enclin à la défiance, ce principe le plus actif de la tyrannie.

Les questions qui se déroulèrent successivement, dans les assemblées de Westminster et

(1) Mazure, t. 3, p. 357.

(2) C'est ce que disait Algernon-Sidney. (*Voyez* Mazure, t. 1, p. 155.)

(3) Lingard, *Histoire d'Angleterre*, t. 13, p. 230.

de Paris, offraient à l'avance plusieurs considérations générales, qu'il est à propos d'examiner, pour entrer ensuite dans le détail des délibérations.

D'abord se présentait la réflexion, que la mesure d'élire un roi n'est pas en elle-même une œuvre de pratique ordinaire, et d'une simplicité telle, que l'exécution en soit toujours facile. De là, il n'y avait pas loin à se demander s'il ne serait pas plus à propos de se renfermer, avec certaines précautions, dans l'observation des lois qui réglaient depuis tant de siècles la transmission de l'autorité royale, et prenaient soin de pourvoir à toute interruption du gouvernement. Cette remarque donna beaucoup de crédit, en 1688, à la proposition de nommer une régence. Les évêques, excepté deux, soutenaient cet avis rejeté dans la Chambre des Lords, à deux voix de majorité seulement, qui suffirent pour faire prévaloir le parti d'élire un roi (1).

(1) Dans la Chambre des lords, on compta quarante-neuf voix pour la régence, contre cinquante et une qui se prononcèrent pour l'élection d'un roi. Sur dix-sept évêques, deux seulement votèrent contre la

La régence invoquée à l'égard de Jacques, n'était cependant de droit positif, qu'à raison de son absence temporaire hors du royaume. L'autre motif d'incapacité politique, résultant de sa religion, n'était appuyé sur aucun précédent, et semblait contestable à plusieurs. Quoi qu'il en fût, on devait prévoir qu'une singulière et pénible nécessité conduirait la régence à faire, pour première démarche, la guerre au roi, qui paraissait décidé à remettre, d'un moment à l'autre, sa cause au sort des armes (1).

En France, évidemment la régence était de plein droit et de nécessité : la minorité était constante, un enfant était roi. La charge du gouvernement regardait le Lieutenant-Général du royaume, soit par sa dignité, soit à cause de sa parenté, ou, selon plusieurs exemples imposans

régence. L'opposition des évêques à faire un autre roi fut tellement saillante, qu'on les menaça en pleine assemblée de leur ôter leur droit de siéger dans la Chambre haute. En général, il se manifesta dans le clergé anglican une tendance chrétienne à pardonner les offenses reçues de Jacques, et un grand respect pour la Majesté royale. (*Voyez* Mazure, t. 3, p. 320 et 328.)

(1) *Voyez* ci-devant, p. 152.

de notre histoire, la Princesse, mère du jeune roi; cette éventualité dernière, que l'on pouvait croire préférée du plus grand nombre des royalistes, aurait immédiatement obtenu dans Paris un appui considérable (1). Les esprits sages et rassis pensaient que la régence, sur laquelle les Chambres seraient appelées à prononcer, était l'unique moyen de sortir de la situation actuelle, sans grever l'avenir de malheurs et d'embarras extrêmes; et, pour envisager toutes les faces de la situation, sans même que les plus vindicatifs entre les Parisiens, fussent privés du bonheur de savourer la vengeance (2) : Charles X et son fils s'étant eux-

(1) A ce sujet, l'aveu du député Bérard est précieux à recueillir : « Il eût été plus facile dit-il, de faire « adopter à la Chambre la royauté de Henri V, que « celle du duc d'Orléans; une proposition faite en ce « sens aurait réuni un plus grand nombre de suffrages. « Mais la proposition n'eût pas été ratifiée par le peu-« ple. » Qu'en pouvait savoir monsieur Bérard? Tout Paris n'était pas dans les hommes des barricades, et toute la France dans Paris. (*Voyez* les *Souvenirs de la révolution de* 1830, par Bérard, p. 208.)

(2) M. de Podenas, à la tribune de la Chambre des « députés, le 7 août 1830, n'a-t-il pas dit *que Char-*

mêmes condamnés par une abdication formelle.

On dut croire généralement que cette satisfaction était acceptée, le Lieutenant-Général du royaume ayant proclamé « que la Charte serait « désormais une vérité (1); » et encore, trois jours après, annonçant, à l'ouverture des Chambres, « qu'il était accouru pour rétablir l'em« pire des lois, et pour assurer à jamais le pou« voir de cette Charte, dont le nom, invoqué « durant le combat, l'était encore après la vic« toire. »

Des assurances aussi positives étaient de nature à rassurer contre la crainte de tout procédé extraordinaire, pris au dehors et à l'opposé de la Charte. Mais voulût-on absolument s'engager dans une contradiction manifeste, mettre à l'écart les droits évidens de l'héritier du trône, on pouvait consulter les exemples du passé,

« *les X était héritier de la férocité de Charles IX?* (*Voyez* le procès-verbal de la séance.)

(1) Cette proclamation parut le 31 juillet. Le lendemain, un fameux *erratum* du *Moniteur* en confirma pleinement le sens : on avait voulu lire *une* Charte, au lieu de *la* Charte.

notre histoire surtout. On aurait vu Henri le Béarnais en péril d'être exclu de la couronne, à cause de sa religion qui n'était pas celle du plus grand nombre de son peuple; alors on s'occupa aussi de l'élection d'un roi de France, à choisir au plus tôt, et voici comment nos pères avaient conçu l'exécution de cette grave mesure.

D'abord, il fut reconnu d'un consentement unanime, que le droit d'élection était dévolu aux Etats-Généraux, à cette nombreuse et imposante réunion du Clergé, de la Noblesse et Bourgeoisie, des Parlemens et Cours des Aides, Finances, Bailliages, Sénéchaussées. La convocation regarda le duc de Mayenne, *Lieutenant-Général de l'Estat et Couronne de France.* Les lettres qu'il expédia à cet effet, nous sont restées comme un monument précieux de l'ancien droit public des Français, d'après lequel on tenait pour nécessaire, indispensable, que l'assemblée des Etats-Généraux fût complète en nombre, et chaque députation munie d'un pouvoir spécial; *ad hoc*, comme disent les jurisconsultes.

Ces règles sages, prudentes et loyales, gênaient singulièrement le roi d'Espagne, Philippe II, qui prétendait s'emparer, par force et par ruse, de l'élection. Ses ambassadeurs, à Paris, semant l'or de tous côtés et l'agitation dans le peuple, ne pouvaient cependant dissimuler à leur maître l'incertitude du succès. « Les députés arrivent, lui écrivaient-ils, mais « assez lentement; ceux de Guyenne, de Lan- « guedoc et de Périgord manquent encore. *On « dit même que ceux de Bourgogne ne sont pas « investis du pouvoir d'élire un roi, ce qui serait « un nouvel embarras* (1). »

De semblables contre-temps ne pouvaient, en aucune façon, déranger l'élection de 1830, qui n'eut pas lieu dans une forme analogue aux anciens Etats-Généraux, avec les modifications convenables à l'esprit du temps, ni d'après le système d'une assemblée populaire (2). La plus

(1) *Histoire de la Réforme, de la Ligue*, par Capefigue, t. 6, p. 215 et 231.

(2) La Fayette explique, dans sa *Lettre aux électeurs de Meaux*, ce qu'il entendait par l'*assemblée générale du peuple* qu'il proposait de réunir. Il entendait les *assemblées primaires de* 1791; elles se composaient de tout Français inscrit au rôle de la garde nationale, et payant une contribution directe de trois journées de travail. (*Voyez* ci-devant, p. 186)

grave question qui puisse, à de rares époques, intéresser l'existence et la dignité d'une nation, fut abandonnée à la décision de la Chambre élective, qui se trouva, comme par hasard, en exercice, à cet instant de crise inopinée. Sans succès fut allégué ce raisonnement sérieux, que chaque député en particulier, et tous en général, n'avaient reçu d'autre mission que de soutenir le gouvernement établi, en lui accordant le vote annuel de l'impôt, avec une loyale assistance dans tous les cas prévus et imprévus. Personne parmi les admirateurs et prétendus imitateurs fidèles de la révolution de 1688, que nous verrons bientôt mettre la dernière main à l'œuvre, n'élevera la voix pour rappeler l'exemple des Mandataires spéciaux, élus dans les comtés, les villes, les bourgs et les corporations, afin de statuer sur les prétentions de Guillaume (1). Mais évitons d'anticiper sur les évènemens.

L'assemblée de Westminster s'étant ouverte

(1) Lorsqu'après la révolution de 1830 la Belgique procéda à l'élection d'un roi, un *Congrès national* fut composé de députés élus à cet effet par chaque province.

trois mois environ après le débarquement du prince d'Orange, on avait eu le temps de préparer les questions à traiter (1). Les premières séances furent employées par les Communes à reconnaître la vacance du trône, en alléguant pour motif que Jacques II « avait rompu le *Con-* « *trat originel* entre le roi et le peuple, et que « s'étant retiré du royaume, il avait *abdiqué* le « gouvernement (2). »

Cette décision, immédiatement présentée à l'acceptation des lords, fut par eux scindée, comme il suit, en quatre parties, formant autant de questions distinctes, sur lesquelles ils délibérèrent séparément; mais effrayés d'aborder de front la première et grande question de la vacance du trône, tranchée par les Communes, les lords commencèrent par se renfermer dans une sorte d'argumentation hypothétique. « Le trône étant supposé vacant, dirent-ils,

(1) Nous trouvons dans le journal de lord Henri Clarendon (*Collection des historiens d'Angleterre*, par M. Guizot, p. 202), que la *Convention* fut composée de cinq cents membres.

(2) On peut lire le texte entier de la résolution dans Mazure, t. 3, p. 322.

« faut-il nommer un roi? » Et comme nous l'avons remarqué plus haut, l'affirmative fut décidée à deux voix seulement de majorité (1).

Ensuite les lords posèrent pour seconde question : « S'il existait entre le roi et le peuple un « Contrat originel? » Et pour troisième point : « Si le roi Jacques avait rompu le Contrat ori-« ginel? » Sur le tout, on répondit *oui*, sans grande hésitation.

Pour donner une réponse complète à ce que les Communes avaient décidé, les lords avaient encore à s'expliquer sur la quatrième question qu'ils s'étaient posée, correspondante à la dernière partie de la déclaration des Communes, savoir : « Que Jacques s'étant retiré du royau-« me, il avait *abdiqué* le gouvernement. » Mais la Chambre des Lords pouvait-elle considérer comme abdication véritable une retraite accidentelle hors du royaume, lorsque, tout-à-l'heure, elle n'avait osé statuer qu'hypothétiquement, et comme par voie détournée, sur la vacance du trône, pour cause de rupture du Contrat originel?

(1) *Voyez* p. 188.

Dans l'intention, assez ordinaire, de lever les difficultés et les scrupules avec des mots, les lords crurent devoir substituer au terme *abdiqué*, le mot *déserté*, dont le sens s'accordait d'ailleurs mieux avec le fait. Le texte amendé fut donc ainsi conçu : « Que Jacques s'étant « retiré du royaume, avait *déserté* le gouver- « nement. » L'amendement, si peu considérable qu'il était, presqu'imperceptible, déplut aux Communes, qui le repoussèrent jusqu'à deux fois, sur l'insistance des lords. On vit le singulier évènement des deux grands corps de l'Etat en opposition déclarée, pour un seul mot à poser en place d'un autre : *déserté*, au lieu d'*abdiqué;* enfin, les lords cédèrent à l'obstination des Communes, et il passa en loi, après quatorze jours de discussion approfondie et de mûre délibération, que Jacques ayant *abdiqué* le gouvernement, *le trône était vacant* (1).

(1) Guillaume était débarqué à Torbay, le 15 novembre 1688; la *Convention*, réunie d'abord le 2 février, s'ajourna au 8, et ce fut le 22 seulement que l'on arrêta l'adresse qui précéda l'offre de la couronne à Guillaume. L'assemblée du *Congrès national* de Belgique fut ouverte le 10 novembre 1830, et sa résolution

Nous avons dit sous quels sombres auspices le duc d'Orléans ouvrit la session des Chambres, à l'époque fixée par Charles X, qui ne devait plus revoir aucune de ces grandes solennités, où la dignité de sa personne s'accordait avec la majesté royale. Paris était encore plongé dans la stupeur qui accompagne ordinairement les premiers instans de répit, après la décroissance d'une grande calamité publique; l'époque prématurée de la convocation, et les troubles étendus au loin dans quelques provinces n'avaient pas permis à tous les députés d'arriver. Ceux d'entr'eux, membres de la dernière session, qui ne trouvaient plus rien debout d'un gouvernement qu'ils avaient laissé plein de vie peu de semaines auparavant, ne pouvaient revenir de leur surprise. Tous s'effrayaient d'être appelés à combler un si grand vide.

Les deux premiers jours s'écoulèrent dans les préliminaires d'installation de l'assemblée. Aussitôt après, la tribune est occupée par un député jaloux d'attacher son nom, jusqu'alors ignoré, à l'initiative du parti le plus extrême,

définitive, en faveur de Léopold de Saxe-Cobourg, n'eut lieu que le 4 juin de l'année suivante.

dont jamais personne pût accepter la responsabilité : à la proposition complexe de détrôner la famille régnante, de réviser la Charte, et de donner la Couronne au duc d'Orléans (1). La stupeur silencieuse et morne de l'assemblée se prêta au renvoi de ces propositions à une Commission chargée de faire le même jour son rapport; dont le sens et la conclusion n'étaient pas douteux : le député choisi pour rapporteur étant Avocat-Consultant ordinaire du duc d'Orléans, chargé du contentieux de ses domaines. Néanmoins, il paraissait difficile de faire prévaloir le renversement absolu des principes monarchiques, et l'expulsion de la famille régnante; dont les nouvelles infortunes ne seraient peut-être pas aussi indifférentes à la France et aux souverains étrangers que ses ennemis l'assuraient. Ces pensées, et d'autres relatives au choix projeté, tendaient à restreindre singulièrement l'impulsion que des esprits haineux, ambitieux ou cupides, s'efforçaient de communiquer à la Chambre.

Un auxiliaire puissant, du nombre de ceux

(1) La proposition Bérard fut faite le 6 août.

qu'on n'ose avouer, qui n'est pas et n'a jamais été français, vint en aide aux passions exaltées en faveur d'une révolution : c'était la Peur, puisqu'il faut la nommer! La peur, qui forme, multiplie et grossit à l'infini de vaines images, leur donne un corps, une âme, la vie et le mouvement. Des doutes furent élevés sur l'efficacité des moyens que le Lieutenant-Général pourrait employer afin de maintenir l'ordre et la tranquillité publique. On savait pourtant que la garde nationale s'organisait de toutes part avec empressement; les marques d'adhésion des provinces et des troupes se succédaient sans retard. Il était facile de reconnaître que, d'après la nature des choses, la Lieutenance-générale devait joindre à ses propres forces, réelles et notoires, cette vigueur particulière en France à toute autorité de création nouvelle; tandis, au contraire, qu'après quelques années de durée, une loi de décadence non moins rapide que celle de la mortalité humaine, semble attachée à nos gouvernemens dépourvus de racines profondes; et les fait arriver bientôt à n'avoir pas d'ennemi plus redoutable que le temps même qu'ils ont vécu.

Quoi qu'il en soit des effets ultérieurs de cette

loi fatale, le rapport de la Commission étant présenté à la Chambre, la discussion fut ajournée au lendemain. Ce moment arrivé, les esprits, loin d'avoir trouvé le calme dans le silence de la nuit, semblaient avoir puisé dans la réflexion un surcroît d'inquiétude et de crédulité, donnant libre accès à d'imaginaires terreurs. Alors apparut le fantôme d'une République, toute prête à s'installer, malgré la résistance presque unanime de la nation; République à laquelle il faudrait bientôt sacrifier, pour second essai de théories meurtrières, la vie et la fortune des meilleurs citoyens. Et peu s'en fallut que, dans ces momens de longue anxiété et d'angoisse, on ne tombât dans l'illusion de se croire en présence de Saint-Just et de Couthon, levant leurs têtes sanglantes.

Pour comble de frayeur, un danger pressant, visible, palpable, environne les députés, cernés dans leur palais par des attroupemens tumultueux. A leurs oreilles retentissent des cris d'insulte et de mort. Comme dans les séances les plus terribles de la Convention Nationale, des pétitionnaires armés sortent des rassemblemens tumultueux; ils sont admis à conférer avec quelques députés, et signifient l'approche des malheurs les plus grands, malheurs inévitables, *si tout n'est pas fini dans le jour* (1).

En vain, un membre de la Chambre fait entendre cette ferme et douloureuse protestation: « La liberté est baillonnée par ces cris sanglans, « qui portent l'effroi de toutes parts; il y a op- « pression, et j'ajouterai même la pire de tou- « tes; car elle s'exerce au nom de la liberté,

(1) *Souvenirs historiques de la révolution de* 1830, par Bérard, p. 264 et 267. La même idée de tout finir en un jour avait été manifestée dès le 30 juillet par M. Dupin aîné, dans la réunion des députés. « Il n'y a pas un « moment à perdre, avait-il dit; *il faut qu'aujourd'hui « même* quelque chose soit décidé *sur l'état de la France.*» Parmi les considérations qui exigent que l'on se hâte, M. Dupin fait valoir *la stagnation des ruisseaux devenant une cause d'insalubrité.* Mais la plus simple délégation de police pouvait remédier à cet inconvénient; il semble que *l'état de la France* devait demeurer indépendant de la nécessité du balayage dans les rues de Paris. Ce trait, qui serait risible si le sujet n'était pas aussi grave, montre combien *l'intérêt parisien* le plus rétréci a prévalu dans tout ce qui s'est fait en juillet 1830 pour amener une révolution. (*Voyez* ce discours de M. Dupin, dans le procès-verbal de la séance du 30 juillet, *Souvenirs de Bérard,* p. 487.)

« elle est empreinte d'un caractère d'hypocri-
« sie et de fureur (1). »

Mais ce n'était là qu'une *Terreur salutaire!* a bien osé écrire et imprimer depuis, un narrateur, témoin obligé, assistant nécessaire, député, celui-là même sur la proposition duquel on discutait le renversement de la Charte, et de l'ordre de succession au trône (2). Exemple remarquable de ces révélations indiscrètes, que, dans les grands évènemens, la Providence exige souvent des acteurs, à leur insu, et que l'histoire n'a garde d'oublier!

(1) Paroles de M. le vicomte de Conny, procès-verbal de la séance du 6 août; on le trouve dans les *Souvenirs de Bérard*, p. 269.

(2) Voici les paroles de Bérard : « Leur présence « (celle des porteurs de paroles, sortis des rassemble-« blemens) avait inspiré une *vive terreur* à beaucoup « de nos collègues, et je n'oserais affirmer que *cette ter-« reur n'ait pas été salutaire;* sans elle, peut-être, y au-« rait-il eu beaucoup plus d'opposition, et la discussion « eût-elle duré plus long-temps, *sans être pour cela plus « consciencieuse ni plus approfondie.* L'effet de la frayeur « sur certains de nos collègues était tout-à fait singu-« lier..... » (Page 265, etc.) La suite n'est guère moins curieuse ; ce passage est à rapprocher de la page 208 de Bérard, que nous avons cité ci-devant, p. 190, note (1).

Avec de pareils argumens, dont l'effet constaté, en ce moment, par un aveu cynique, charge pour toujours la mémoire des indignes oppresseurs de la liberté des votes, on peut vaincre bien des irrésolutions. Un seul et rapide scrutin manifesta la soumission passive de la Chambre aux trois points mis en question, la vacance du trône, la révision de la Charte, et l'offre de la couronne. La Déclaration générale qui énonça successivement ces articles comme étant admis, fut motivée, en première ligne, sur *l'impérieuse Nécessité;* l'excuse commode, aussi bien que les penchans irrésistibles, de toutes les actions humaines impossibles à justifier.

Lisons le début et le premier point de la Déclaration : « La Chambre des Députés, pre-« nant en considération l'impérieuse nécessité « qui résulte des évènemens des 26, 27, 28, 29 « juillet dernier et jours suivans, et de la situa-« tion générale où la France s'est trouvée pla-« cée à la suite de la violation de la Charte cons-« titutionnelle ;

« Considérant en outre que, par suite de cette « violation et de la résistance héroïque des ci-« toyens de Paris, S. M. Charles X, S. A. R. Louis-

« Antoine, dauphin, et tous les membres de la « branche aînée de la maison royale, sortent en « ce moment du territoire français ;

« Déclare que le trône est vacant en fait et « en droit, et qu'il est indispensable d'y pour- « voir. »

On doit remarquer combien peu de place occupe ici *la violation de la Charte constitutionnelle,* le grief capital auquel on attachait une si grande importance; et dont cependant il n'est fait mention qu'à titre de circonstance accessoire *de la situation générale où la France s'est trouvé placée;* et comme simple occasion de *la sortie de la famille royale du territoire français,* tandis qu'en 1668, la déclaration de vacance du trône fut expressément fondée sur la violation du *contrat originel,* et sur la *retraite* du roi Jacques hors du royaume. Cette différence se comprend : Charles X et son fils s'étant mis hors de cause par leur abdication, le reproche d'avoir violé la Charte devenait sans but ultérieur à leur égard (1); à plus forte rai-

(1) Dans son rapport sur la proposition Bérard, fait à la séance du 6 août, on voit que M. Dupin veut

son était-il impossible d'arguer sérieusement contre eux de leur départ forcé, accompli sous la surveillance de Commissaires délégués.

La seconde partie de la Déclaration énumère les articles de la Charte qui furent alors modifiés ou supprimés. La Charte, pour laquelle tant de sang venait de couler, avait donc aussi de faux amis! Les motifs d'une révision immédiate s'accordaient avec ceux qui avaient fait adopter, en 1668, *le bill des droits* (1). Il s'agissait de solder au peuple, complaisant et docile, le prix de la révolution effectuée en son nom et par ses bras; l'important était de paraître généreux au moins de frais possible. Ce but fut atteint par le moyen de quelques dispositions réglementaires, favorables en apparence à la liberté, et, peu de temps après, éludées ou supprimées : l'article 14, auquel on ne pardon-

suppléer par quelques développemens à ce que la déclaration à intervenir n'articulerait pas, au sujet de *la violation de la Charte.*

(1) Les whighs avaient accepté, faute de mieux, *le bill des droits,* contenant deux parties distinctes; l'une intitulée : *Articles déclaratoires des anciens droits;* et l'autre, *Nouvelle loi pour réformer les vieux abus.* (Mazure, t. 3, p. 322, 342 et 362.)

nait pas d'avoir implicitement autorisé les fatales ordonnances, reçut une nouvelle rédaction; le juri dut seul connaître à l'avenir des délits de la presse, dont il partagea bientôt après la connaissance avec la Cour des Pairs (1); la prohibition de soustraire l'accusé à ses juges naturels, fut rendue plus expresse, sans être plus tard mieux observée (2); et l'on crut avoir beaucoup donné au bonheur, à la gloire et à la di-

(1) Au bout de cinq ans, la faveur fut à peu près annulée par l'invention du procédé subtil de retirer aux accusations en matière de presse le nom de *délits*, pour les appeler *attentats*. Ce mot changé soumit le fait à une pénalité beaucoup plus sévère, et donna au gouvernement le pouvoir de le faire tomber, à son choix, dans la compétence exceptionnelle de la Cour des Pairs. (*Voyez* les lois du 29 septembre 1835.)

(2) Deux ans à peine révolus, on vit des citoyens, *des femmes* traduits devant des conseils de guerre, Paris étant mis en *état de siége*, à la suite d'émeutes, par ordonnance royale du 6 juin 1832. *Le Moniteur* apprendra à la postérité la plus reculée que la dame Duperrié, âgée de quarante ans, accusée, devant le deuxième conseil de guerre, d'avoir porté pendant le combat des armes et des munitions aux insurgés, parut à l'audience du conseil de guerre, coiffée *d'un large chapeau citron, qui dérobe ses traits à l'avide curiosité du public.* (Voyez *le Moniteur* du 28 juin 1832.)

gnité de la France, en abolissant toute qualification de *religion de l'Etat;* afin que l'antique naturalisation de la foi chrétienne dans les Gaules, soit réduite, en retour de tant de services rendus, à la simple importance numérique d'une *religion de la majorité des Français* (1).

De vieilles rancunes se ranimèrent aussi contre le pacifique préambule de la Charte, où Louis XVIII avait exprimé par les mots *Octroi*, *Concession* (2), la faculté d'initiative et d'accession royale; énoncé tout naturel à cet instant, de la part du prince, ne fût-ce que pour constater le mérite d'auteur et de fondateur; mérite d'autant plus réel que la Charte, au moment où elle fut mise au jour, devançait, avons-nous déjà observé, le vœu public, et surpassait même l'intelligence politique du peuple guerrier de Napoléon. Il n'était pas permis de l'oublier sans ingratitude (3).

(1) Mutilation de l'article 4 de la Charte.

(2) *Octroyer* signifie *autoriser,* car octroyer n'est que le vieux mot *octriser,* d'où vient *octrise* pour *octroi*, du bas latin *auctorisare,* confirmer, approuver. (Note dans le *Manuel du droit français* de Paillet, p. 15.)

(3) *Voyez* la première partie, p. 46. Nous en appe-

Une Charte *concédée*, pourvu qu'elle améliore l'état de la nation, n'est pas une offense à la souveraineté nationale; des jurisconsultes graves l'ont reconnu. Si nous ne nous trompons, d'habiles défenseurs des doctrines monarchiques ont passé condamnation, trop facilement, sur des termes justifiables littéralement et moralement. Peu importe de quel côté viennent, suivant la progression des temps, le bien et l'utile; entre le peuple et son roi, le bienfait reçu de l'un ne peut déshonorer l'autre (1).

Cette considération était trop simple et trop franchement libérale pour être à la portée des Sophistes du barreau, qui avaient chargé la mémoire de Louis XVIII d'un crime de *lèse-nation*,

lons sans crainte, pour cette assertion, au témoignage des contemporains.

(1) Une Charte concédée n'est pas une offense à la souveraineté nationale. Cette pensée a été bien développée et justifiée avant la révolution de 1830, comme après, par M. Hello, maintenant conseiller à la Cour de Cassation. (*Voyez* son ouvrage intitulé : *Du régime constitutionnel*, deuxième édition, Paris, 1830, in-8°.) En ce sens, Napoléon avait dit de Louis XVI : « Ce prince malheureux...... accepta la Constitution « qu'il aurait dû donner. » (*Mémoires de Napoléon*, t. 3, p. 165, deuxième édition.)

commis au moyen d'un *Préambule!* Ils croyaient fermement se grandir et honorer le peuple en insultant les rois et leur ouvrage. Il fallut que cette Charte, à laquelle en France tous avaient juré fidélité, fût condamnée dans sa première partie, comme un libelle diffamatoire, au déshonneur de la *Suppression;* sans recevoir pourtant, par bonheur, le vieux châtiment d'une lacération publique et du feu ; tout se réduisant à l'apparat des grands mots qui suivent :

« La Chambre des Députés déclare secondement que, *selon le vœu, et dans l'intérêt* du « peuple français, le préambule de la Charte « constitutionnelle *est supprimé, comme blessant la dignité nationale,* en paraissant octroyer aux Français des droits qui leur appartiennent essentiellement. »

L'offense prétendue, n'était, encore une fois, qu'une vaine querelle d'étiquette et de préséance, suscitée à dessein entre le peuple et le roi. La distinction de posséder *essentiellement,* ou *non essentiellement,* n'importait guère aux Français ; le point capital était la *possession effective,* et c'est là précisément ce que la Charte avait voulu *accorder, concéder, octroyer.*

Restait à disposer de la couronne. Les députés étaient encore en ce moment à genoux devant la *Nécessité*, à laquelle l'antiquité païenne n'avait dressé des autels, qu'en prescrivant la sage réserve de fermer l'entrée de ses temples à tout autre qu'aux ministres de la Déesse (1). Mais ce n'était pas le temps des scrupules et des précautions; la Chambre des Députés a bientôt décidé que, *moyennant l'acceptation* de la Charte modifiée et révisée, « *l'intérêt univer-* « *sel et pressant* du peuple français appelle « au trône S. A. R. Louis-Philippe d'Or- « léans, duc d'Orléans, Lieutenant-général du « royaume, etc., etc..... »

En donnant à l'offre de la couronne la forme d'une proposition conditionnelle, on entendit faire un roi et une Charte par *contrat réciproque;* approchant de l'usage ordinaire des conventions de la vie privée. Mais la nature des choses n'a pas assigné des règles aussi simples à l'établissement du régime politique d'un grand Etat. Tout *contrat réciproque* suppose la garan-

(1) Le plus fameux des temples de *la Nécessité* était placé dans la citadelle de Corinthe, et cette loi s'y observait scrupuleusement.

tie d'un tiers fort et puissant, neutre entre les deux parties, apte dans tous les temps à procurer, au besoin, l'exécution équitable du contrat. Mais qui sera juge entre le prince et le peuple? La doctrine du *contrat réciproque primitif* ou *originel*, en matière de souveraineté, ne serait donc pas éloignée d'être absurde. Fallacieuse dans son application, elle subordonne le sort des empires au seul droit de la force ou de la ruse (1).

Ces considérations graves durent échapper à la vue dans la hâte extrême avec laquelle on voulait que les actes constituans de 1830 fussent produits. Récapitulons l'ordre du travail et l'emploi du temps : dès le lendemain du jour de leur proposition à la Chambre des Députés, une

(1) Le rapport de M. Dupin, dans la séance du 6 août, montre que l'on voulut conclure avec Louis-Philippe un contrat *synallagmatique*, c'est-à dire contenant l'obligation réciproque des deux parties. Le même jurisconsulte que nous venons de citer montre le vide de cette prétention. « Je l'avoue, je ne com-« prends pas, dit-il, qu'une Constitution se fasse « comme un de ces actes de la vie civile que les juris-« consultes appellent *synallagmatiques*; les choses ne « se passent pas entre une nation et un prince, comme

même séance, commencée à dix heures du matin, vit naître et fermer la discussion, voter la vacance du trône, la révision de la Charte, la translation de la couronne dans une autre famille. Ce n'est pas tout : le même jour, vers quatre heures, les Députés allèrent en corps au Palais-Royal, porter leur résolution, sans attendre qu'auparavant fût écoulée l'heure unique durant laquelle la Chambre des Pairs délibéra, lorsque déjà la couronne était offerte et même acceptée au Palais-Royal. Pour complément d'une journée si remplie, à dix heures du soir, les Pairs furent aussi déposer leur humble adhésion, dont la superfluité visible pouvait leur servir d'encouragement en mon-

« entre deux individus, également maîtres de leur volonté et de la forme dans laquelle ils l'expriment. « Le pacte politique et sa rédaction ne se règlent pas « de la sorte...... Je ne connais pas de Constitution qui « puisse revendiquer l'avantage d'être réellement *synallagmatique.* » (*Du régime constitutionnel*, par Hello, p. 90.) On peut lire aussi la réflexion judicieuse de Mazure, dons nous avons profité, au sujet de *la violation du contrat originel*, imputée à Jacques. (*Histoire de la révolution d'Angleterre*, t. 3.)

trant à tous une excuse en réserve pour l'avenir (1).

La promptitude de ces démarches fut d'un effet décisif dans la Capitale comme dans les provinces. Quand les plus éloignées apprirent que Paris avait proclamé le duc d'Orléans Roi des Français, sa précédente nomination de Lieutenant-général du royaume leur était à peine manifestée, et n'avait été officiellement reconnue partout ailleurs, que deux ou trois jours auparavant, quelquefois la veille seulement; en sorte que presque généralement, à l'instant où la nouvelle de la seconde promotion arriva, on put se croire déjà trop engagé envers le prince pour qu'il fût praticable de revenir sitôt, sur un acte d'abandon consommé à son égard. En un mot, une charge temporaire, essentiellement monarchique, avait commandé la soumission aux royalistes, sans inspirer d'inquiétude à leurs adversaires, qui savaient bien le moyen d'em-

(1) La Chambre des pairs, qui s'occupait depuis le matin de la formation des bureaux, rentra en séance à neuf heures du soir, pour recevoir la délibération de la Chambre des députés.

pècher qu'elle n'engageât à rien pour l'avenir. Sa durée de huit jours suffisait pour que l'action et la force du gouvernement passassent dans les mains du duc d'Orléans. Dès-lors le prince était nanti, à tout évènement, d'un poste inexpugnable, qui lui donnait la facilité de monter encore plus haut, d'une manière sûre et commode.

La surprise fut grande à cet instant, amère pour plusieurs! mais la nature et les circonstances du fait accompli frappaient d'impuissance les opposans déconcertés, comme il arrive presque toujours, par l'effet d'une invasion soudaine; ou de l'escalade nocturne du domicile, aperçue trop tard pour être repoussée (1).

Laissons Louis-Philippe et Guillaume rece-

(1) Ces courtes réflexions, appuyées sur les faits, répondent aux conséquences que M. Dupin aîné prétend tirer de la question qu'il s'est posée ainsi, et qui est insultante pour une partie considérable de la nation : « Messieurs, pourriez-vous me dire ce qu'étaient « devenus les royalistes pendant les immortelles jour- « nées des 27, 28 et 29 juillet? » (*Voyez* la brochure intitulée : *Du caractère légal et politique de la révolution de* 1830, p. 33, note.) Il est d'autant plus facile de s'expliquer l'absence des royalistes, qu'ils étaient bien

voir l'offre d'une couronne. Les signes de leur indifférence pour le rang suprême ne manqueront pas, et leurs sermens, partie obligée du Protocole de l'installation, ne se feront pas attendre.

Maintenant il nous est permis d'apercevoir la fin de notre travail, et nous en préparons la conclusion prochaine par de courtes réflexions, tirées de l'ensemble des évènemens.

On a dû reconnaître que la révolution de 1688 suivit, sans déviation, son cours naturel et prévu; car la royauté de Guillaume était certaine, dès le jour que les lords lui écrivirent en Hollande, pour solliciter sa venue. Les seuls obstacles qu'il eût à craindre, étaient les vents et les tempêtes (1). L'effet le plus saillant de la révolution, à laquelle il servit d'instrument, fut de concentrer, d'immobiliser, en quelque sorte,

éloignés de vouloir soutenir les ordonnances pour elles-mêmes, puisque la grande majorité des royalistes n'hésitait pas à les désapprouver hautement.

(1) La flotte de Guillaume, sortie des ports de la Hollande le 30 octobre, fut dispersée par une violente tempête, et obligée de rentrer. Le second départ fut retardé jusqu'au 12 novembre.

le pouvoir dans les mains de l'aristocratie anglaise, dont cette révolution était l'ouvrage; et de raffermir les fondemens de l'ordre social ébranlés par plusieurs causes, surtout par les dissentions religieuses.

La catastrophe de 1830, loin d'avoir été prévue, pour le temps et la manière qu'elle arriva, ne fut, en réalité, qu'un accident fortuit, amené par d'autres accidens successifs, à commencer de l'apparition des ordonnances. La classe moyenne, que des motifs, futiles en apparence, avaient rendue graduellement hostile aux Bourbons, insurgea le peuple, qui combattit, remporta la victoire, et régna un instant. A la suite d'un grand tumulte, sorte d'échauffourée politique, une royauté, improvisée sur ces entrefaites, devint le but des attaques de la démocratie, exaltée outre mesure; celle-ci regrettait la liberté sans frein qu'elle croyait avoir assez payée au prix du sang versé durant trois jours; et elle revendiqua hautement les droits du peuple, qu'elle accusa le Roi-citoyen d'avoir confisqués, par fraude, à son profit (1).

(1) On n'a jamais donné une définition claire du

De ce litige, dont l'instance est encore pendante, sortirent les émeutes sans nombre, filles de l'insurrection de juillet, et les poignards levés cent fois contre l'Élu de la nation. Dans cette extrémité, la Bourgeoisie seule, tendit la main à la Royauté aux abois; l'ayant sauvée, le pouvoir lui échut, pour se fixer en sens inverse de 1688, dans la possession, à peu près exclusive, des notabilités du barreau, du commerce et de l'industrie. Le peuple étant à l'écart, rattaché aussi peu à la domination nouvelle que ne l'était, d'un autre côté, tout ce qui restait à peu près de l'aristocratie, alors commença un règne plus remarquable par les grandes choses qu'il n'osa pas entreprendre, que par celles qu'il exécuta; un règne que ses contemporains ont nommé le règne de la Bourgeoisie (1). On vit bientôt s'élargir cette plaie si

titre de *Roi-citoyen;* le sens précis pourrait bien être inconnu encore à présent.

(1) M. Louis Blanc a le premier entrepris de peindre le caractère et l'esprit du règne de cette nature. (*Voyez* l'*Histoire de dix ans,* et aussi une lettre du même auteur au journal *la Réforme,* réimprimée par plusieurs journaux en septembre 1843.)

profonde, incurable peut-être, de l'Etat frappé au cœur, par l'anéantissement du principe monarchique. De là encore, pour avouer tous nos malheurs, cet abaissement inoui de la France, déchue du rang si élevé qu'elle occupait autrefois parmi les plus puissans Etats de l'Europe.

Les rapprochemens cherchés au loin, empêchent souvent de remarquer, près de nous, ceux dont l'évidence serait plus propre à frapper nos yeux. Ainsi la ressemblance n'est pas douteuse, entre les évènemens de 1688 et une époque plus ancienne de notre histoire, dont nous avons déjà rappelé le souvenir (1) : *la Ligue* tendait à exclure le prince, que son droit de naissance appelait au trône ; mais, par une circonstance inverse de ce qui arriva en Angleterre, le *Protestantisme*, détesté de la grande majorité de la France, était la religion du roi. Son abjuration fit cesser le grand dissentiment analogue à celui qui, dans la suite, renversa le roi Jacques, peu disposé à suivre l'exemple de Henri IV. La révolution de 1688 pourrait donc,

(1) *Voyez* ci-devant, p. 192.

à part le fait de la vérité religieuse, obtenir, comme on l'a réclamé en faveur de *la Ligue*, à cause de la gravité du motif principal, une sorte de sanction relative, dont l'équivalent ne s'est pas rencontré en 1830.

L'intention de combler ce vide a fait exagérer outre mesure l'étendue du préjudice que pouvaient causer à l'intérêt public les trop célèbres ordonnances. Leurs suites ne comportaient, selon toute raison, que les inconvéniens temporaires d'une fausse mesure d'administration, échappée à l'autorité royale, qui s'était méprise sur le sens de l'article 14 de la Charte.

Le redressement appartenait à la Charte mieux interprétée, à l'intervention ultérieure des Chambres, armées de la responsabilité des ministres. La colère et la vengeance, dont les conseils sont rarement les meilleurs, donnèrent d'autres avis : malgré tant de promesses de gratitude nationale, offertes quelques années auparavant à Louis XVI, *Restaurateur de la liberté française*, et, plus nouvellemment encore, à son frère *Louis XVIII, Fondateur de la Charte*, la branche aînée des Bourbons fut traitée en ennemie des libertés publiques (1); et frappée de dépossession dans la personne d'un orphelin, enfant sacrifié à un premier moment de fureur, comme responsable du fait particulier de son grand-père, lequel n'était lui-même pas responsable, suivant un principe fondamental de droit public, consacré par la raison et par la Charte.

Un coup semblable d'effet, venant atteindre Jacques et sa famille, ne pouvait du moins surprendre; l'évènement était facile à prévoir, dès l'instant que le prince, devenu catholique, avait embrassé les croyances, que les préjugés de la *réforme* nommaient *la religion de l'esclavage;* et qu'il avait plus spécialement voué sa race entière, à la foi romaine, en choisissant le pape pour être le parrain du prince de Galles, son fils unique.

Le bill *contre tout héritier catholique* expliquerait seul la révolution de 1688 (2). Nul An-

(1) Un décret de l'assemblée nationale, du 11 août 1789, décerne à Louis XVI le titre de *Restaurateur de la liberté française*. Quels éloges les libéraux n'avaient-ils pas prodigués à Louis XVIII comme fondateur de la Charte!

(2) On trouve ce bill dans Mazure, t. 3, p. 328. Il

glais ne put ignorer à quel intérêt majeur il était question de sacrifier les avantages attachés à la fixité de la loi de succession au trône. En compensation du même sacrifice imposé à la France, on n'aperçut généralement aucune assurance positive d'utilité à revenir : plusieurs désireux de nouveauté, aimèrent à croire que la chaîne brisée des principes et des traditions monarchiques, serait à volonté renouée au profit d'un nouvel occupant, substitué au possesseur légitime. D'autres, que l'on avait effrayés de la perspective d'une régence et d'une minorité orageuse, s'étaient laissé persuader que cette vicissitude n'atteindrait pas, de bien longtemps du moins, la famille proposée. Dès aujourd'hui, néanmoins, le règne premier de la Dynastie n'étant pas fini, ô Providence! un régent nommé par anticipation, attend pour guider un enfant que l'aïeul soit descendu dans la tombe...... Beaucoup furent séduits par l'espoir de transporter la Couronne à une suite de princes plus capables de régner que les précé-

fut arrêté dans la première séance de la Convention, et sanctionné par les lords, avant que l'on attaquât Jacques nominativement, en déclarant le trône vacant.

dens, sans qu'ils se soient rappelés qu'aujourd'hui, on accuse la maison de Brunswick d'en être encore à justifier la haute préférence de l'Angleterre, par quelque grande vertu (1).

L'Angleterre, blessée dans ses affections et ses intérêts, n'avait pas attendu jusqu'en 1688, pour témoigner le désir de changer, par une révolution, son état à l'égard du présent et de l'avenir. La France, malgré l'irritation des partis, ne fut pas réduite à l'extrémité de souhaiter une révolution, comme remède nécessaire à des maux sérieux, touchant sa religion, l'ordre intérieur ou la dignité de ses rapports avec l'étranger.

Si les Anglais étaient depuis long-temps entretenus dans l'idée de détrôner leur roi, et de présenter la couronne à son gendre, celui-ci savait aussi les voies qu'il aurait à suivre pour répondre à l'attente de la Nation, et être reconnu des puissances de l'Europe; satisfaites au surplus de sa descente en Angleterre, qui avait rompu, à leur avantage commun, l'al-

(1) Observation consignée dans le *Voyage en Angleterre et en Ecosse*, de M. Pichot, t. 3, p. 165.

liance de ce royaume avec la France : au lieu que le Prince français, qui était venu au travers des barricades de l'insurrection Parisienne, féliciter le peuple victorieux et s'asseoir sur le trône, ignorait à quelle fin précise la Couronne lui était abandonnée, et quelle attitude il pourrait prendre vis-à-vis des souverains, auxquels il ne serait pas facile de faire accepter son avènement aussi brusque.

Guillaume avait encore en sa faveur, comme appui de sa royauté naissante, le double mérite d'avoir rendu un service immense à la religion protestante en général, et en particulier à la religion de l'Angleterre. N'était-il pas, suivant l'Orateur chargé de lui adresser, à son entrée dans Londres, une harangue officielle au nom du Corps de Ville, n'était-il pas « le Champion de l'Eternel, qui était venu délivrer le « Peuple de Dieu et son héritage (1) ? » Mais en France, contraste funeste! présage de malheur! l'autorité nouvelle tolérait la dévastation sacrilége des Eglises et le renversement des Croix (2).

(1) Mazure t. 3, p. 273.

(2) Dans une brochure intitulée : *Affaires de Rome*,

Avec son caractère froid, son calme imperturbable, Guillaume semblait naturellement inaccessible aux émotions de la reconnaissance, même pour le rare présent d'une Couronne; encore paraissait-il persuadé et voulait-il laisser croire aux autres que, pour s'être donné aux Anglais, c'étaient eux qui restaient ses obligés et ses redevables. Un orgueil pareil n'enfla pas, il faut être juste, les hommes qui se saisirent de l'autorité en 1830. Surpris autant que personne de leur élévation soudaine, ils se livrèrent sans mesure aux transports d'une reconnaissance extraordinaire, ingénieuse à créer, varier, multiplier à l'infini les récompenses. Alors fut inventée la *Croix de Juillet*, chevalerie nouvelle dans les fastes militaires; des pensions sans nombre furent distribuées suivant les mérites du moment : bien plus, on tomba dans la prodigalité ruineuse de rétrograder vers le passé, en associant à la reconnaissance ac-

Paris, 1836, M. de La Mennais prétend qu'en 1830, on outragea seulement les croix qui portaient des fleurs de lys à leurs extrémités. Malheureusement cette assertion n'est pas exacte.

tuelle de vieux services révolutionnaires payés depuis long-temps : ainsi, les *Vainqueurs de la Bastille* furent conviés solennellement à venir partager l'allégresse commune et les récompenses assignées à leurs émules de **1830**. Et de peur d'être soupçonné d'ingratitude envers aucun des instrumens de la rébellion dernière, le règne qui s'ouvrait décerna aux combattans morts pour la faire triompher, les Honneurs suprêmes du Panthéon de « *la Patrie reconnais-* « *sante* AUX GRANDS HOMMES (1). »

En faisant autant d'efforts pour paraître prodigieusement reconnaissant, le pouvoir comptait aller au-devant de l'ingratitude, qu'il craignait contre lui-même. Il entendit sans doute aussi que des témoignages de rémunération pu-

(1) *La Patrie reconnaissante aux Grands Hommes!* Cette ancienne inscription du Panthéon était depuis long-temps remplacée par la croix rayonnante de Constantin. Mais la croix ayant été effacée, à la suite des évènemens de 1830, l'inscription fut rétablie. Napoléon avait rendu l'édifice du Panthéon à sa première destination d'église, dédiée à Sainte-Geneviève, patrone de Paris. (Décret du 20 février 1806.) Louis-Philippe décréta, par une ordonnance du 26 août 1830, que l'église redeviendrait *Panthéon;* et l'année suivante,

blique visant, en dernier résultat, à l'effet universel d'une Apothéose, impliquaient une sorte d'hommage et de recours à la volonté nationale; intention heureuse à découvrir, car, suivant un publiciste de nos jours, « la volonté nationale « est un de ces mots dont les intrigans de tous « les temps et les despotes de tous les âges ont « le plus largement abusé; les uns en ont vu « l'expression dans les suffrages actuels de quel-« ques agens du pouvoir, d'autres dans le vote « d'une minorité craintive. Il en est même qui « l'ont découverte toute formulée dans le silence « des Peuples, et qui ont pensé que, du fait de « l'Obéissance, naissait pour eux le droit du « Commandement (1). »

Ces observations générales sont appuyées sur

par une ordonnance du 6 juillet, il prescrit que *les dépouilles mortelles des citoyens morts pour la patrie, en défendant les lois et la liberté, les* 27, 28 et 29 *juillet, seront déposées au Panthéon, aussitôt que l'exhumation pourra en être faite*. En attendant, leurs noms furent gravés sur des tables de bronze que Louis-Philippe scella de sa main, sur les murs. Depuis, on se ravisa, et les héros ont été inhumés sous *la Colonne de juillet*.

(1) *De la Démocratie en Amérique*, par M. de Tocqueville, t. 1, p. 62.

la longue expérience, à laquelle l'Histoire sert d'interprète légitime et irrécusable. En ce qui regarde les faits accomplis en 1830, on sait que des Lois prudentes les ont mis au nombre des Objets sacrés et mystérieux dont il n'est pas permis d'interroger la nature, l'origine et le principe (1). Par-là même devient nécessaire la clôture hâtive d'un parallèle destiné à l'instruction des Peuples comme des Rois, et à rappeler du moins le souvenir de leurs droits mutuels, que les révolutions triomphantes ne sauraient abolir.

« *La révolution de juillet*, avait-on dit, *n'est* « *pas autre chose que la révolution anglaise de* « 1688 (2); » question curieuse en elle-même, offrant d'ailleurs l'à-propos, heureux pour plusieurs, d'une dernière insulte aux vaincus de 1830; question neuve, que nous n'avions ni choisie ni désirée, mais à laquelle nous n'avons pas su refuser une simple réponse; en gardant toutefois, envers l'une et l'autre révolution, la fidélité scrupuleuse de l'Historien, obligé à ne

(1) Loi du 27 mars 1830. Lois du 29 septembre 1835.

(2) *Voyez* l'introduction, p. 15.

pas dissimuler toutes les illusions, les erreurs, les fautes, les tromperies qui ont abusé cruellement sa patrie.

Nous pouvons, enfin, après un examen approfondi, résumer cette vaste comparaison.

Parmi tant de faits différens, un seul point de similitude nous semble clair et certain · la circonstance de la couronne transportée contre la règle commune, hors de la Maison régnante, pour être placée, à Londres comme à Paris, sur la tête du parent le plus proche du roi détrôné. Ce fait excepté de l'ensemble des choses, tout paraît différent, le but, les moyens, le caractère des personnages, et les conséquences immédiates. En vain prétendrait-on assimiler la piété de Charles X au *Papisme* reproché à Jacques : un défaut passager du prince régnant, serait-il réél, n'aurait rien de commun avec la situation religieuse, morale et politique d'un grand peuple. Nous sommes donc fondés à conclure que « *les révolutions de* 1688 *et* « *de* 1830 *sont encore plus éloignées de se ressembler, qu'elles ne sont distantes l'une de* « *l'autre, par l'intervalle d'un siècle et demi qui* « *les sépare.* »

On sait maintenant ce qu'il faut penser du projet intéressé d'ajouter un nouvel épisode à la concordance si frappante, à d'autres égards, entre plusieurs évènemens de l'histoire de France et d'Angleterre.

Par malheur, un Ecrivain habile ne s'est pas rencontré qui ait entrepris de traiter le sujet historique le plus digne d'être, de nos jours, étudié, médité : mais aurions-nous manqué d'art et de couleurs en retraçant des révolutions si fameuses, du moins suffira, pour les faire dorénavant mieux connaître, le contraste frappant que nous avons présenté de leur dissemblance réciproque.

FIN.

Paris. — Imprimerie de G.-A. DENTU, rue de Bussi, n° 17.

TABLE.

www.ingramcontent.com/pod-product-compliance
Ingram Content Group UK Ltd.
Pitfield, Milton Keynes, MK11 3LW, UK
UKHW020210250726
13967UKWH00003B/1388